기초부터 고급까지 서양조리의 모든 것

The French Chef Cuisine

윤수선·권기완

지식인

기초부터 고급까지
서양조리의 모든 것
The French Chef Cuisine

2023년 9월 25일 초판인쇄
2023년 9월 30일 초판발행

지은이 | 윤수선 · 권기완
펴낸이 | 김종욱 · 명사동
펴낸곳 | 지식인
등 록 | 제301-2013-134호
주 소 | 서울시 도봉구 도봉로 180길 20 투웨니퍼스트 102동 602호
전 화 | 02)2266-8606(대)
팩 스 | 02)2266-8607
이메일 | jisikin2013@naver.com
홈페이지 | www.jisikinbook.co.kr

ISBN 979-11-92570-14-3 (93590)

값 25,000원

The French Chef Cuisine

기초부터 고급까지

서양조리의 모든 것

PREFACE

The French Chef Cuisine(기초부터 고급까지 **서양조리의 모든 것**)은 조리를 처음 배우거나 앞으로 조리 분야를 직업으로 선택하려는 분들이 꼭 알아야 할 내용들을 이해하기 쉽게 전달하기 위해 노력하였습니다.

이론 편에서는 양식조리 직무개요에 대해 간략히 소개하였으며, 실제 현장에서 성공적인 직무수행을 위해 중요하게 요구되는 기본적인 내용들 그리고 직무능력을 갖추기 위해 필수적으로 숙지해야 하는 양식조리의 기본 이론 및 실무에 대한 전반적인 내용을 직무능력표준 학습모듈을 기반으로 위생 및 안전관리, 메뉴 및 구매관리, 식재료관리, 기초기능 익히기, 조리기기 및 도구, 허브 및 향신료, 스톡, 소스, 수프, 전채, 샌드위치, 샐러드, 어패류, 육류, 파스타, 조식 및 달걀 파트로 나누어 기술하였으며, 실기 편에서는 양식조리 능력단위 학습모듈을 반영하여 양식조리기능사 실기 항목 30가지와 실기, 양식조리산업기사, 고급양식조리 실기 과정 모두를 다루었습니다.

저자들은 특급호텔과 관련업계의 현장 경험에서 알게 된 노하우와, 학생들을 지도하면서 학생들이나 조리분야 종사를 희망하는 사람들이 꼭 알았으면 하는 기본 이론부분과 양식조리기능사 실기시험과 산업기사 종목, 고급양식조리들을 정리하여 이해하기 쉽게 저술하였습니다. 그러나 내용 중 부족하거나 보완해야할 부분이 있으리라 생각됩니다. 이 점에 대해서는 교정, 수정, 보완을 게을리 하지 않을 것임을 말씀드리며, 자료수집과 실기를 도와주신 분들 그리고 집필할 수 있도록 지원해주신 지식인의 대표님과 관계자 여러분들께 감사의 인사를 드립니다.

윤수선 · 권기완

CONTENTS

이론편

실기편

CHAPTER 1

양식조리 직무 개요

01 양식조리 직무 개요

1 양식조리 직무

서양식 메뉴를 조리사가 계획하고, 식재료를 구매, 관리, 손질하여 정해진 조리법에 의해 조리하며 식품위생과 조리기구, 조리시설을 관리하는 일이다.(ncs 국가직무능력표준)

2 능력단위

국가직무능력표준 분류체계상 하위단위로서 국가직무능력표준의 기본 구성요소에 해당하며 능력단위의 목적, 업무수행 및 활용범위를 기술한 것으로, 해당 직무의 성공적인 업무수행을 위해 요구되는 능력을 교육훈련 및 평가가 가능한 단위로 개발한 것을 말한다.(ncs 국가직무능력표준)

순번	능력 단위	실기적용		
		기능사	산업기사	고급양식
1	양식 위생관리			
2	양식 안전관리			
3	양식 메뉴관리			
4	양식 구매관리			
5	양식 식재료관리			
6	양식 기초기능 익히기			
7	양식 스톡조리	브라운스톡		
8	양식 소스조리	이탈리안미트소스 / 홀렌다이즈소스 / 브라운그래비소스 / 타르타르소스 / 사우전아일랜드드레싱		
9	양식 수프조리	비프콘소메 / 미네스트로니수프 / 피시차우더수프 / 프렌치어니언수프 / 포테이토크림수프		

10	양식 전채조리	쉬림프카나페 / 샐러드부케를 곁들인 참치 타르타르와 채소비네그레트		
113	양식 샌드위치조리	BLT샌드위치 / 햄버거샌드위치		
12	양식 샐러드조리	월도프샐러드 / 포테이토샐러드 / 해산물샐러드 / 시저샐러드		
13	양식 어패류조리	프렌치프라이드쉬림프	타임 벨루테 소스를 곁들인 기름에 저온 조리한 적도미	사프란 크램 브로스와 래디시를 올린 광어구이 / 레몬 오렌지 소스와 라타투이를 곁들인 농어 구이 / 토마토와 호박을 곁들인 칠리 메로 스테이크 / 고추장 소스의 그릴 광어구이 / 바질치즈 퓌레와 핑크페퍼 사프란 소스와 아몬드를 올린 노르웨이산 연어구이 / 허브버터와 튀일을 올린 연어 스테이크 / 아몬드 크림 버터 소스의 도미 구이
14	양식 육류조리	치킨알라킹 / 치킨커틀릿 / 비프스튜/ 살리스버리스테이크 / 서로인스테이크 / 바비큐폭찹	토마토 쿨리를 곁들인 치킨 룰라드 / 타임소스를 곁을인 양갈비 구이 / 비가라드 소스를 곁들인 오리가슴살구이 / 앤초비 버터를 곁들인 소안심구이	푸아그라와 엔다이브를 곁들인 한우 안심과 페리게 소스 / 버섯 라구와 호박 매시드 포테이를 곁들인 소고기 안심과 셰리 와인 소스 / 채소 볶음밥을 곁들인 오리엔탈 소스의 소고기 안심구이 / 견과류를 곁들인 사세르 소스와 안심 샤르망구이/해초를 곁들인 최상급 안심과 전복구이 / 폴렌타와 쿠스쿠스를 곁들인 소고기 안심과 양갈비 구이 / 모렐 버섯과 라퐁 로쉐 와인 소스의 소고기 안심 석쇠구이 / 안나 포테이토와 프로슈토 햄으로 감싼 소고기 안심구이 / 소고기 안심 찹 스테이크
15	양식 사이드디쉬조리			
16	양식 파스타조리	스파게티 카르보나라 토마토소스 해산물스파게티		
17	양식 조식(달걀)조리	스페니쉬오믈렛 치즈오믈렛		
18	양식 디저트조리			
19	연회조리			
20	푸드 플레이팅			
10	조리 외식경영			

3 능력단위 별 능력단위 요소

능력단위를 구성하는 중요한 핵심 하위능력을 말하며 능력단위 범위 안에서 수행하는 기능을 도출한 것이다.(ncs 국가직무능력표준)

분류번호	능력단위	수준	능력단위요소
1301010211_16v3	양식 위생관리	2	개인 위생관리하기
			식품 위생관리하기
			주방 위생관리하기
1301010212_16v3	양식 안전관리	2	개인 안전관리하기
			장비·도구 안전관리하기
			작업환경 안전관리하기
1301010213_16v3	양식 메뉴관리	4	메뉴관리 계획하기
			메뉴 개발하기
			메뉴원가 계산하기
1301010214_16v3	양식 구매관리	3	시장조사하기
			구매 관리하기
			검수 관리하기
1301010215_16v3	양식 식재료관리	2	저장 관리하기
			재고 관리하기
			선입선출 관리하기
1301010216_16v3	양식 기초기능 익히기	2	기본 칼기술 습득하기
			기본기능 습득하기
			기본 조리방법 습득하기
1301010202_16v3	양식 스톡조리	2	스톡재료 준비하기
			스톡 조리하기
			스톡 완성하기
1301010203_16v3	양식 소스조리	4	소스재료 준비하기
			소스 조리하기
			소스 완성하기
1301010204_16v3	양식 수프조리	4	수프재료 준비하기
			수프 조리하기
			수프요리 완성하기

1301010205_16v3	양식 전채조리	2	전채재료 준비하기
			전채 조리하기
			전채요리 완성하기
1301010217_16v3	양식 샌드위치조리	2	샌드위치재료 준비하기
			샌드위치 조리하기
			샌드위치 완성하기
1301010206_16v3	양식 샐러드조리	2	샐러드재료 준비하기
			샐러드 조리하기
			샐러드요리 완성하기
1301010207_16v3	양식 어패류조리	4	어패류재료 준비하기
			어패류 조리하기
			어패류요리 완성하기
1301010208_16v3	양식 육류조리	4	육류재료 준비하기
			육류 조리하기
			육류요리 완성하기
1301010209_16v3	양식 파스타조리	4	파스타재료 준비하기
			파스타 조리하기
			파스타요리 완성하기
1301010210_16v3	양식 조식(달걀)조리	2	달걀요리 조리하기
			조찬용 빵류 조리하기
			시리얼류 조리하기
1301010218_16v3	양식 사이드 디쉬 조리	4	사이드디쉬재료 준비하기
			사이드디쉬 조리하기
			사이드디쉬 완성하기
1301010219_16v1	양식 디저트조리	4	콜 디저트 조리하기
			핫 디저트 조리하기
			스페셜 디저트 조리하기
1301010220_16v1	연회조리	4	리셉션 메뉴 조리하기
			연회용 뷔페메뉴 조리하기
			연회용 코스메뉴 조리하기
1301010221_16v1	푸드 플레이팅	4	핫 푸드 플레이팅하기
			콜 푸드 플레이팅하기
			전시용 푸드 플레이팅하기
1301010222_16v1	조리외식경영	5	조리외식 이해하기
			조리외식경영 실무하기
			조리외식분야 창업하기

CHAPTER 2

양식조리 능력단위 학습모듈

02 양식조리 능력단위 학습모듈

학습모듈이란, 국가직무능력표준National Competency Standards으로 산업현장에서 직무를 수행하기 위해 요구되는 지식 · 기술 · 소양 등의 내용을 산업부문별 · 수준별로 국가적 차원에서 체계화한 것이며 해당 직무를 성공적으로 수행하기 위해 필요한 지식 · 기술 · 태도 등의 능력을 표준화한 것을 의미한다.(ncs 국가직무능력표준)

대분류	음식서비스
중분류	식음료조리 · 서비스
소분류	음식조리
세분류	**학습모듈명**
한식조리	
양식조리	양식 조리실무
	양식 스톡조리
	양식 소스조리
	양식 수프조리
	양식 전채조리
	양식 샌드위치조리
	양식 샐러드조리
	양식 어패류조리
	양식 육류조리
	양식 파스타조리
	양식 조식(달걀)조리
중식조리	
일식 · 복어조리	

학습모듈명	실기 적용			능력 단위 요소
	기능사	산업기사	고급양식	
양식 조리실무				위생관리 하기 안전관리 하기 메뉴관리 하기 구매관리 하기 식재료관리 하기 기초기능 익히기
양식 스톡조리	브라운스톡			스톡재료 준비하기 스톡 조리하기 스톡 완성하기
양식 소스조리	이탈리안미트소스 홀렌다이즈소스 브라운그래비소스 타르타르소스 사우전아일랜드드레싱			소스재료 준비하기 소스 조리하기 소스 완성하기
양식 수프조리	비프콩소메스프 미네스트로니스프 피시차우더스프 프렌치어니언스프 포테이토크림스프			수프재료 준비하기 수프 조리하기 수프요리 완성하기
양식 전채조리	쉬림프카나페 샐러드부케를 곁들인 참치 타르타르와 채소 비네그레트 채소로 속을 채운 훈제연어 롤			전채재료 준비하기 전채요리 조리하기 전채요리 완성하기
양식 샌드위치조리	BLT샌드위치 햄버거샌드위치			샌드위치재료 준비하기 샌드위치요리 조리하기 샌드위치요리 완성하기
양식 샐러드조리	월도프샐러드 포테이토샐러드 해산물샐러드 시저샐러드			샐러드재료 준비하기 샐러드 조리하기 샐러드요리 완성하기
양식 어패류조리	프렌치프라이드쉬림프 피시뮈니엘 솔모르네	타임 벨루테 소스를 곁들인 기름에 저온 조리한 적도미	사프란 크램 브로스와 래디시를 올린 광어구이/레몬 오렌지 소스와 라타투이를 곁들인 농어구이/토마토와 호박을 곁들인 칠리 메로 스테이크/고추장 소스의 그릴 광어구이/바질치즈 퓌레와 핑크페퍼 사프란 소스와 아몬드를 올린 노르웨이산 연어구이/허브버터와 튀일을 올린 연어 스테이크/아몬드 크림 버터 소스의 도미구이	어패류재료 준비하기 어패류요리 조리하기 어패류요리 완성하기

양식 육류조리	햄버거샌드위치 치킨알라킹 치킨커틀렛 비프스튜 살리스버리스테이크 서로인스테이크 바비큐폭찹		푸아그라와 엔다이브를 곁들인 한우 안심과 페리게 소스 / 버섯 라구와 호박 매시드 포테이를 곁들인 소고기 안심과 셰리 와인 소스 / 채소 볶음밥을 곁들인 오리엔탈 소스의 소고기 안심구이 / 견과류를 곁들인 사세르 소스와 안심 샤르망 구이/해초를 곁들인 최상급 안심과 전복구이 / 폴렌타와 쿠스쿠스를 곁들인 소기 안심과 양갈비 구이/모렐 버섯과 라퐁 로쉐 와인 소스의 소고기 안심 석쇠구이/ 안나 포테이토와 프로슈토 햄으로 감싼 소고기 안심구이/소고기 안심 찹 스테이크	메뉴관리 하기 메뉴관리 하기 메뉴관리 하기
양식 파스타조리	스파게티카르보나라 토마토소스 해산물 스파게티			파스타재료 준비하기 파스타 조리하기 파스타요리 완성하기
양식 조식(달걀)조리	스페니쉬오믈렛 치즈오믈렛			달걀재료 준비하기 달걀재료 조리하기 달걀재료 완성하기

1. 위생관리

조리작업에 임하기 위해 필요한 위생과 관련된 기본지식을 이해하고 주방의 청결 상태와 개인 및 식품의 위생을 철저히 관리하여 전반적인 작업을 위생적으로 수행하기 위한 것이다.

1) 개인 위생관리

개인위생은 공중위생부분에서 개인을 대상으로 하는 전반적인 위생을 말한다. 조리 종사원의 개인위생은 소비자의 안전과 건강에 지대한 영향을 미치므로 아주 사소한 부분까지도 철저한 위생관리가 이루어져야 한다.

(1) 손의 청결

사람의 손은 사물들의 표면과 일차적으로 접촉하는 부위이며 세균이 번식 가능한 최적의 조건을 가지고 있고 오염 발생 위험이 가장 큰 신체 부위로 다양한 세균과 바이러스들을 인체에 전파시키는 매개체 역할을 한다. 우리 주변에서 발생하는 대부분의 감염성질환은 공기를 통해 코 또는 입으로 균이 직접 들어가기보다는 균이 묻은 손을 통해 눈, 코, 입과 접촉함으로써 감염되는 경우가 더 많다. 그러므로 조리작업 중 교차 오염을 통한 2차 감염의 차단을 위해 손의 청결에 각별히 신경써야 한다.

① 수세시설

손세척을 할 때 수도꼭지나 물(거품)비누 또는 세정제는 직접 만지지 않고도 센서를 이용해서 사용 가능해야 하며, 여러 명이 사용하는 타월을 사용하지 않고 온풍 건조기시스템으로 물기를 완전히 제거할 수 있어야 한다.

② 올바른 손 씻기

손을 세척할 때는 살균기능이 있는 세정제를 사용하여 거품을 충분히 내어 팔목부터 손바닥과 손가락 사이사이, 손톱 밑까지 꼼꼼히 씻고 40℃ 내외의 흐르는 미온수로 깨끗이 헹구어야 한다.

③ 손 세척을 해야 하는 경우

- 위생복 환복 전 · 후
- 작업 전환 전 · 후
- 화장실 이용 후
- 기침, 재채기, 코를 푼 후
- 식사, 흡연, 차 섭취 후
- 자신의 신체부위를 만지거나 타인과 접촉 후
- 상처부위를 만진 후
- 오염물질이 묻어 있을 가능성이 있는 집기 또는 물품과 접촉 후
- 식재료 보관, 정리 후
- 익히지 않은 식재료 손질 후
- 음식물찌꺼기 또는 폐기물 처리 후
- 식기 세척작업을 마친 후
- 칼을 갈거나 청소를 한 후
- 쓰레기통, 청소도구, 화학제품 등을 만진 후

(2) 건강진단

- 모든 종사원 정기건강검진 : 연 1회(보건증 발급)
- 제1종 전염병 중 소화기계 전염병, 전염성 피부질환, 화농성 질환, 결핵, 활동성 B형 간염,에이즈 질환자는 종사 불가능

(3) 복장

주방에 들어가기 위해서는 위생적으로 관리된 위생복 및 안전화 등을 착용함으로써 주방의 잠재적인 위험요소들로부터 신체를 보호해야 한다. 또 작업 시 먼지나

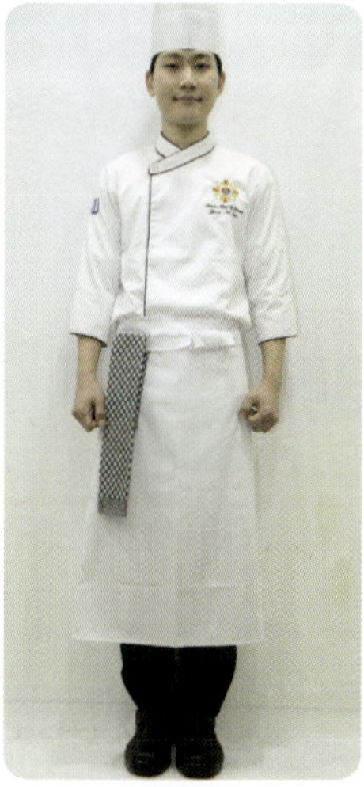

이물질, 세균 등에 의한 오염 발생을 방지하기 위해 반드시 올바르게 착용해야 한다. 따라서 매일 깨끗한 위생복을 착용해야 하며 오염 발생된 위생복은 즉시 갈아입어야 하고, 위생복 착용 상태로 조리실 밖으로 나가지 않아야 한다.

① 위생복 착용

- 위생모는 머리카락이 90% 이상 가려지도록 착용한다. 조리 시 머리카락이나 땀 등이 조리중인 음식에 떨어지는 것을 방지하기 위해 착용한다. 청결하고 구겨지지 않도록 관리해야 한다.
- 최근에 사용 빈도가 낮은 스카프는 짧고 단정하게 매야 하며 필요 시 탈착이 용이해야 한다. 조리 시 발생하는 땀이 흡수되어 음식에 들어가는 것을 방지하는 역할을 하며, 다쳤을 때 응급처치용으로 사용하기도 한다.
- 위생복 상의 앞부분이 두 겹으로 겹쳐지는 것은 조리 시 발생하는 뜨거운 열기를 차단해주고, 뜨거운 음식물이 튀었을 때 몸을 보호하여 화상을 방지하기 위한 것이다. 너무 타이트하지 않고 자신의 몸에 잘 맞으면서 작업이 용이할 정도의 약간 여유 있는 것을 입어야 하며, 소매는 과하게 걷지 말고 적당히 걷어 올리도록 한다.
- 앞치마는 뜨거운 것으로부터 신체를 보호하기 위해서 그리고 위생복에 음식물이나 오물이 튀어 얼룩이 발생하는 것을 방지하기 위해 착용한다.
- 바지는 조리 중 일어날 수 있는 사고로부터 몸을 보호하기 위해 긴 바지를 착용한다. 안전화의 윗부분까지 살짝 덮이는 길이로 입어야 하며, 땀 흡수가 잘 되고 움직임이 편해야 한다.
- 신발은 방수와 미끄럼방지 기능이 있어야 하고, 날카로운 도구 등이 떨어지거나 충격이 가해졌을 때 그 충격을 흡수해 발을 보호할 수 있는 장치가 있는 안전화를 신어야 한다.

② 앞치마 착용

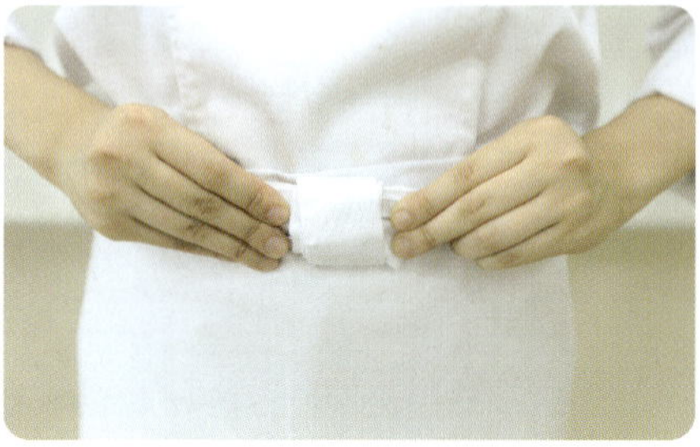

- 흘러내리지 않고 고정될 수 있도록 한 단 접어준다.
- 끈을 허리 뒤쪽으로 한 번 돌려준다.
- 앞치마 끈을 앞으로 돌려 묶는다.
- 앞으로 묶은 끈을 나비 모양을 만든다.
- 나비 모양을 유지하며 매듭을 만든다.
- 끈을 돌돌 말아 단정하게 마무리해주어 활동에 불편함이 없도록 한다.

③ 위생모 착용

위생모는 조리 시 이마에 발생하는 땀을 흡수하여 얼굴로 흘러내리지 않게 하며 머리카락이 음식에 떨어지는 것을 방지해 준다. 형태와 재질 등이 각양각색인 위생모는 육안으로 더러움이 보이지 않더라도 자주 교체하여 청결함을 유지해야하며 구겨지지 않도록 관리하고 머리카락의 대부분이 모자 안쪽으로 들어가도록 착용해야 한다. 머리카락이 길 경우에는 머리 망과 핀(실핀은 빠져서 음식에 들어갈 수 있으므로 똑딱 핀 권장)을 사용하여 잔머리까지 깔끔하게 고정한 다음 착용해야 한다.

(4) 기본위생 습관

① 손과 손톱은 항상 깨끗하게 관리하여야 하며 특히 손톱 사이에 이물질이 끼지 않도록 손톱은 짧게 유지해야 한다.

② 베인 곳이나 상처부위가 아주 작더라도 그곳에 붕대를 감싼 후 주방용 라텍스 장갑을 착용하여야 한다.

③ 조리와 관련된 모든 작업 중 흡연, 껌 씹기, 침을 뱉는 행위 등은 하지 않는다.

④ 화장실을 이용할 때는 착용 중인 앞치마나 작업복, 작업모 등을 정해진 위치에 걸어두어야 하며 신발은 가급적 바꿔 신어야 한다.

⑤ 신체에 착용하는 장신구(목걸이, 반지, 시계, 팔찌 등)들은 조리작업 중 교차오염을 발생시킬 수 있으므로 착용하지 않아야 한다.

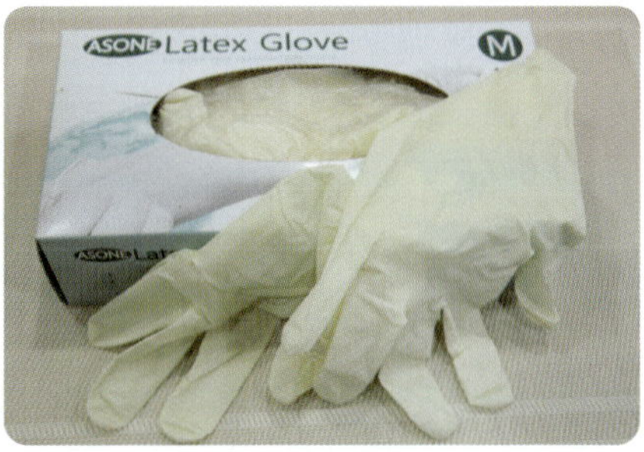

2) 작업공간 위생관리

일반 개인에게는 위생부분이 다소 사소하거나 개인적인 문제일수 있지만 조리작업에 있어서는 식품의 안전과 고객의 건강에 큰 영향을 미치므로 위생부분에 대한 관리가 철저하게 이루어져야 한다. 작업공간을 위생적으로 유지 · 관리하는 것은 안전한 음식을 생산하기 위함이다.

세균 또는 바이러스는 어떤 경로를 통해서든 전파될 수 있으므로 작업 공간 내에서는 다음과 같은 준수사항을 반드시 지켜야 한다.

(1) 작업공간 내 개인위생 준수사항

- 식품취급 장소나 식품 취급 시 음식물을 섭취하거나 껌을 씹지 않는다.
- 작업공간에서는 어떤 경우에도 흡연하지 않는다.
- 손톱 물기, 핥기, 뜯기 등을 하지 않는다.
- 침을 뱉지 않는다.
- 얼굴과 머리를 만지지 않는다.
- 식료품 취급 시 재채기를 하지 않는다.
- 음식을 맛볼 때 국자나 조리용도구를 사용하지 않아야 하며, 한 번 사용한 숟가락은 재사용하지 않는다.

(2) 위생적인 작업공간 유지를 위한 준수사항

- 작업공간은 항상 청결한 상태를 유지하도록 1일 1회 이상 청소를 실시한다.
- 온도는 15~20℃, 습도는 60~65% 정도가 유지되도록 하며, 통풍이 잘 되도록 환기시설을 가동한다.
- 정기적인 소독을 실시하고, 각종 해충 또는 쥐로부터의 피해를 방지할 수 있도록 방충 · 방서 계획을 세우고 기본 시설관리 대책을 수립한다.
- 관계자 외의 외부인 출입을 금지한다.

3) 교차오염 방지

(1) 조리작업장 출입 시 교차오염 방지

오염방지 차원에서 주방 공간의 각 입구마다 소독액이 들어있는 발판을 비치해 신발을 소독한다.

(2) 조리작업 시 교차오염 방지

① 식자재 또는 기물 등을 바닥이나 오염 발생 우려가 있는 곳에 두지 않도록 관리해야 한다.

② 칼, 도마 등을 포함 주방에서 사용하는 모든 조리기구들과 용기는 교차오염을 방지하기 위해 용도별로 구분하여 사용해야 하며 사용 전과 사용 후 수시로 세척과 소독을 해야 한다.

③ 교차오염의 발생 빈도를 줄이기 위해서 조리작업 중 작업자는 용도별 장갑을 착용할 수 있다. 쇠그물 장갑을 착용하고 육류 또는 단단한 식재료들을 절단하며, 용도별(색상으로 구분) 고무장갑을 착용하고 기기 및 도구나 식재료 등을 세척해야 한다.

④ 타액을 통해 발생하는 각종 바이러스로 인한 오염을 줄이기 위해서는 조리작업 시 뿐만 아니라 고객응대 시에도 마스크를 착용해야 한다.

⑤ 조리과정 중 교차오염을 줄이기 위해 필요 시 일회용 페이퍼타월이나 합성수지 장갑을 사용한다.

⑥ 작업 전환 시 반드시 살균기능이 있는 세정제로 손 세척을 실시해야 한다.

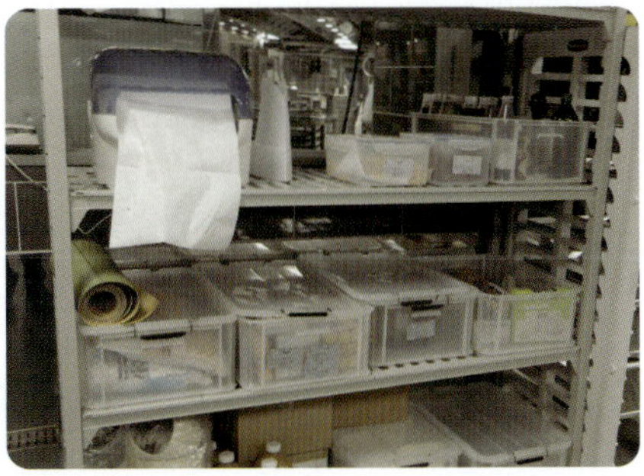

위생관리 체크

점검자 :

구분	점검사항	능력 단위 요소		
		양호	보통	미흡
개인 위생관리	• 복장을 갖추어 착용한다.(위생복, 위생모, 앞치마, 안전화) • 복장을 청결하게 관리한다.(오염 시 즉시 교체)			
	• 액세서리를 착용하지 않는다.(반지, 귀걸이, 시계) • 개인위생 청결하게 관리한다.(두발, 면도, 손톱)			
	• 정기적인 건강검진을 실시한다.			
	• 조리업무공간 출입시 손세척을 실시한다. • 식재료 손질 및 조리과정 전 · 후 손세척을 실시한다.			
	• 개인물품은 사물함에 보관한다.			
	• 화농성 상처, 피부병 증상이 있는가? • 설사, 발열, 심한 기침 증상이 있는가?			
장비 및 환경 위생관리	• 냉장, 냉동시설의 온도는 적정온도가 유지되며 청결한가?			
	• 조리기구는 전용 소독액이나 열탕소독을 매일 실시한다.			
	• 칼과 도마는 용도별(육류, 생선, 채소 등)로 구분하여 사용하고 세척, 살균, 건조를 실시한다.			
	• 행주는 세척, 살균, 건조해서 사용하며 자주 교체한다.			
	• 주방에서 화장품사용, 흡연 등을 절대 하지 않는다.			
	• 냉장, 냉동시설을 주 1회 이상 세척과 소독을 한다.			
	• 칼은 자외선 살균소독 후 지정장소에 안전하게 보관한다.			
	• 음식물쓰레기, 일반쓰레기를 구분하여 취급한다.			
	• 쓰레기통의 뚜껑은 반드시 덮어둔다.			
	• 쥐나 해충의 방제를 실시한다.			
재료관리	• 당일 조리한 식품은 당일 소진한다.			
	• 사용기한 경과 물품이 있는지 매일 확인한다.			
	• 입고된 모든 물품은 위생적으로 운반하고 적정온도에서 보관한다.			
	• 해동은 냉장에서 '해동중' 표기하고 실시한다.			
	• 무표시, 무허가 물품은 사용하지 않는다.			
	• 선입선출에 의해 사용 관리한다.			
	• 육류, 생선, 채소 등 구분하여 보관 관리한다.			
	• 채소, 과일은 흐르는 물에 충분히 세척한다.			
	• 교차오염이 발생하지 않도록 구분하여 관리한다.			
	• 조리나 가공한 식재료는 용기에 담은 후 반드시 뚜껑을 덮고 보관한다.			

2. 안전관리

조리작업 공간에는 다양한 대형 조리기기와 예리한 도구 등이 많아 위험이 상존하는 공간이므로 안전사고를 방지하기 위해 반드시 적재적소의 정리정돈이 항상 실시되어야 하며, 조리작업 장소 내에서는 작업에 따른 부상 및 질병 유발 등의 예방을 위하여 안전장비를 반드시 착용해야 한다.

1) 칼

칼은 식재료를 자르는 경우를 제외하고 다른 용도로 사용하면 절대로 안 된다. 칼을 손에 든 채 장난을 치는 행동이나 과한 움직임 또한 절대 금지이다. 만약 조리작업 중 칼이 떨어지는 경우가 발생하더라도 손으로 잡으려 하지 말고 피해야 한다.

안전수칙

① 칼을 들고 이동해야 할 때는 뾰족한 부분이 반드시 아래로 향하도록 한다.

② 다른 사람에게 칼을 전달할 때는 칼날 등 쪽을 조심스럽게 붙잡고, 칼의 손잡이가 상대방을 향하게 하여 전달한다.

③ 칼은 반드시 칼의 형태와 크기, 용도에 따라 분류해서 사용해야 한다.

④ 조리용 칼은 반드시 식재료 손질에만 사용해야 하며 도마에서 사용해야 한다.

⑤ 칼날의 날카로움 정도를 손으로 직접 확인하는 것은 매우 위험하므로 금지이다.

⑥ 조리작업 시 사용하는 칼은 날이 날카롭게 서 있어야 한다. 무뎌진 칼날은 조리작업을 어렵게 할 뿐 아니라 사고를 발생시킬 수 있다.

⑦ 조리작업 중 칼이 바닥에 떨어지는 상황 발생 시 절대 손으로 잡으려 하지 말고 피해야 한다.

⑧ 칼을 사용하지 않고 잠시 내려둘 때는 칼날이 작업자와 반대방향으로 향하게 놓아야 한다.

⑨ 사용을 마친 칼은 바로 세척하는 것이 가장 바람직하다. 주방기물 등을 세척하는 싱크대에 칼을

분류하지 않고 놓아두면 절대 안 된다.

⑩ 칼을 세척할 때는 칼의 손잡이부분 등쪽에서부터 칼날의 바깥쪽으로 조심스럽게 닦는다.

⑪ 식기세척기에서 발생하는 뜨거운 열은 칼의 손잡이와 칼날의 연결부위를 헐거워지게 만들 수 있다. 이는 사고를 발생시킬 위험이 높기 때문에 식기세척기를 이용한 칼 세척은 금지이며 따로 분류해서 세척한다.

⑫ 칼을 보이지 않게 행주나 페이퍼타월 등으로 덮어놓는 것은 매우 위험하다. 반드시 칼이 보이도록 두어야 한다.

⑬ 칼을 작업용 도마 위가 아닌 테이블에 놓아두는 것은 매우 위험한 일이므로 작업대 또는 칼 보관대 외의 공간에 올려 두지 않아야 한다.

⑭ 작업대 정리정돈 시 칼을 먼저 정리하여 안전사고를 예방하도록 한다.

⑮ 칼은 세척 → 소독 → 건조 과정을 거친 다음 반드시 지정된 보관 장소에 보관해야 한다.

2) 작업(주방) 공간

주방은 조리작업 공간 이외의 식재료 보관 공간을 포함 주변의 모든 공간에 해충과 그 알이 서식할 수 있는 오물이 없어야 하며 매연, 악취, 분진 등이 발생하지 않도록 청결하게 유지 및 관리되어야 한다.

(1) 바닥

주방 바닥은 위생과 안전 면에서 매우 중요하기 때문에 시공할 때 고려할 부분이 많고 복잡하다. 전기와 배수관을 매설하고 무거운 기기들을 설치해야 하므로 하중을 이겨낼 수 있어야 하며, 유공성이 적은 재질을 사용함으로써 수분이 흡수되는 것을 막아 미생물과 세균번식 등을 예방해야 한다.

(2) 창문

창문은 바닥면에서 일정 높이 이상 떨어진 곳에 설치해야 하고, 반드시 방충망을 설치하여 해충과 오염물질 등의 유입을 방지해야 한다.

(3) 배수구

배수구는 주방면적과 작업동선 등을 고려해 적절한 위치에 설치하여 바닥에 오폐수가 고이지 않도록 관리해야 한다. 배수구에 발생할 수 있는 해충의 서식 가능한 요소를 제거해야 하며, 폐기물 · 음식찌꺼기 또는 오폐수에 의한 오염방지를 위한 철저한 관리가 필요하다.

(4) 천장

천장은 조명기구 등의 전기배선이 있고, 조리 과정에서 응결수와 유증기 등이 올라가 흡착되기 때문에 화재의 위험성이 높은 곳이므로 단열 · 방염 기능이 있는 재료로 마감해야 하며, 항상 청결하게 유지되도록 관리해야 한다.

(5) 조명

주방은 습기 발생이 많은 공간이므로 주방의 조명은 천장이나 벽에 매립하고 투명뚜껑을 설치하는 것이 바람직하다. 조명은 작업의 안전과 능률 등에 큰 영향을 줄 수 있으므로 식자재나 완성된 음식의 상태와 색이 다르게 보이는 광선을 사용하지 않아야

하며 눈부심이나 그림자 발생이 없도록 220룩스Lux 이상 조도가 유지되어야 한다.

(6) 환풍

환풍 시설은 조리과정 중 발생한 열, 증기, 유증기, 냄새 등을 밖으로 배출함으로써 고객과 종사원 모두의 안전(화재예방)과 건강을 지키기 위해 고성능이 필수이다.

3) 낙상사고

낙상은 본인의 의지와 상관없이 갑자기 넘어지며 발생하는 것으로 근골격계(뼈, 근육)에 상처를 입는 사고이며 남녀노소 누구에게나 발생할 수 있다. 특히 바닥면이 미끄러운 주방 작업공간에서 넘어지지 않도록 주의해야 한다.

안전수칙

① 정리정돈을 생활화해야 한다.

② 뛰어다니거나 급하게 서두르지 않아야 한다.

③ 작업활동에 알맞은 복장과 안전장비, 안전화를 착용해야 한다.

④ 바닥에 이물질이나 위험요소가 있을 때 즉시 제거해야 한다.

⑤ 지정된 장소 이외에 물건 적재를 금지하고 항상 안전하게 관리해야 한다.

4) 기기사고

기기작동 전에 항상 안전장치를 확인하고 이상이 있는지 여부를 확인한 다음 사용해야 사고를 예방할 수 있다. 주방의 책임자는 주방 구성원 모두의 안전과 올바른 사용 및 관리를 위해 모든 기기의 사용방법과 관리 및 분해법, 세척법 등을 수시로 교육하며 기기의 안전점검을 철저히 해야 한다.

안전수칙

① 사용 전 기기의 안전장치, 이상 유무 등을 확인한다.

② 세척 및 분해할 때는 전원 스위치를 반드시 끄고 기계가 완전히 정지한 것을 확인한다.

③ 규정된 사용법에 따라서 사용하며 장시간의 기계사용은 금지한다.

④ 작업 중 이상 현상이 발생하면 즉시 전원을 차단한 다음 확인한다.

5) 식중독

「식품위생법」에 의하면, 식중독Food Poisoning이란 식품의 섭취에 연관된 인체에 유해한 미생물 또는 미생물이 만들어내는 독소에 의해 발생한 것이 의심되는 모든 감염성 또는 독소형 질환을 일컫는다.

안전수칙

① 위생적이고 깨끗한 환경이 조성되도록 시설과 기기 및 기구 등을 청결히 관리해야 하며 원료, 용기, 포장재 등이 오염되지 않도록 각별히 주의한다.

② 작업 시 세균이 번식하는 상황과 환경이 되지 않도록 청결을 위지해야 하며 교차오염이 발생하지 않도록 각별히 주의해야 한다.

③ 조리 완료된 음식의 보관은 변질, 부패, 세균번식 등의 방지를 위해 신속히 냉각 처리 후 뚜껑을 덮거나 밀봉하여 냉장시설의 지정위치에 적정 온도로 냉장•냉동 보관해야 한다.

6) 화상사고

주방에서 발생하는 화상은 뜨겁게 달궈진 주방기구의 표면에 접촉하여 화상을 입는 경우와 뜨거운 물, 기름, 수증기 등에 의해 화상을 입는 경우이다. 작업 시 움직임을 조심하고 주변을 잘 살펴야 한다.

안전수칙

① 정리정돈을 한 다음 조리를 시작한다.

② 뜨거운 것을 옮길 때는 마른행주나 두꺼운 전용 장갑을 사용하며 신체에 닿지 않도록 각별히 주의한다.

③ 기름이 튀거나 열과 스팀이 발생되는 작업은 적정거리를 유지하고 안정장비를 착용한다.

④ 뜨거운 것을 이동시에는 주변 사람들에게 알려 충돌을 방지한다.

7) 화재예방

가스를 사용하기 전에는 항상 이상 유무를 확인해야하며 배기관 주변, 후드, 필터, 송수관 등의 청결 상태를 점검해야 한다. 화재예방을 위해 자동소화 장비는 정기적으로 점검해야 하며 철저한 세척 · 관리로 이물질이 누적되는 일이 없도록 해야 한다.

전기배선의 정기적인 점검이 이루어져야 하며 장비 및 기기의 불량품 사용과 흡연은 절대 금지이다.

안전수칙

① 화재 위험성이 있는 곳을 파악하고 정기적으로 점검 · 관리해야 한다.

② 화재 예방 교육을 정기적으로 실행하여 대처방법을 숙지하도록 해야 한다.

③ 소화기를 지정된 위치에 비치하고, 잘 보이도록 눈에 띄게 표시하며, 사용법에 대한 교육을 통해 필요시 구성원 누구든 사용할 수 있도록 대비해야 한다.

④ 기기와 설비 등의 수리는 전문 인력에게 의뢰해야 한다.

⑤ 전원 코드나 전기 콘센트 등에 물이 들어가지 않도록 주의해야 한다.

소화기

소화기는 소화기 내부에 들어있는 약품이나 사용용도 및 방법에 따라 그 종류가 다양하다. 일반적으로 사용하는 소화기는 포말소화기, 분말소화기, 할론소화기, 이산화탄소소화기이다. 소화기에는 소방법에 의거하여 사용 가능한 화재 종류(일반화재, 유류화재, 전기화재)가 표시되어 있으며 이 표시를 확인하고 주방공간에 비치해야 한다. 화재발생 시 소화기를 제대로 사용하기 위해서는 평소에 소화기 관리를 잘 해야 하며 사용이 용이한 곳에 지정 비치하고 사용법을 반드시 숙지하고 있어야 한다. 소화기는 사용기한이 따로 지정되어있지 않으므로 핀이 빠지지 않고 부식되지 않도록 잘 관리해야 하며 내용물이 들어있는지 주기적으로 체크해야 한다.

3. 메뉴관리

1) 메뉴의 정의

메뉴란 '판매중인 식음료의 품명과 가격을 알아보기 용이하도록 기록하여 고객이 주문하는 데 필요한 각종 정보를 정확히 제공하는 것으로서 고객과 업소 간의 식음료 제공을 약속하는 차림표'이다. 식음료업소에서 고객에게 상품을 판매하는 가장 중요하고 기본이 되는 것이며 업소에서 판매, 제공되어지는 모든 것이 메뉴이다. 메뉴는 음식과 서비스가 합쳐진 상품을 의미한다고 볼 수 있다.

2) 메뉴의 종류

(1) 기본메뉴

한식 · 중식 · 양식 · 일식 · 뷔페 등으로 분류된 모든 각각의 식음료업소는 그 업소만의 특색을 가지고 있으며 그 특색에 맞는 기본적인 메뉴들이 있다. 즉 그 업소들에서 제공되는 기본 메뉴들은 그 업소를 대표하는 것이다.

(2) 고정메뉴

판매되는 품목이 변하지 않고 지속적으로 제공되는 일정한 메뉴이다. 전문화할 수 있고 관리가 용이한 장점이 있다.

(3) 순환메뉴

순환메뉴란 일정한 기간을 정해두고 그 일정기간에 주기적으로 교체하여 판매하는 메뉴를 말한다. 그 기간은 목적에 따라 설정되어지는데 경우에 따라 일주일 간격으로 매주 같은 요일에 정해진 메뉴를 고객에게 제공하기도 하며, 또 계절음식을 기간을 정해 한정기간 동안 제공하는데 이 경우도 순환메뉴에 해당된다. 메뉴의 다양성이 있으며 식자재의 효율적 관리가 가능하지만 다방면에 숙련된 조리종사원이 필요하다.

(4) 단기메뉴

단기메뉴는 말 그대로 특별히 정한 짧은 기간 동안 홍보 또는 행사의 목적으로 고객의 관심을 끌기위해 판매하는 메뉴로 가변메뉴라고도 하며 다양한 재료가 준비되었을 때 시행되어진다. 조리장의 능력을 고객에게 어필하기 위한 고객유치 방안으로 주로 이용된다고 보면 되는데, 주변에서 볼 수 있는 조리장 특별메뉴가 여기에 속한다.

(5) 복합메뉴

변형메뉴라고도 하는데 다양한 메뉴의 특성들을 골고루 갖춘 메뉴에 해당한다. 시간(조식, 중식, 석식)에 관계없이 고객이 선택한 메뉴를 제공하도록 되어있는 업소에서 판매할 수 있으며 고객의 취향에 따라 선택할 수 있는 다양한 메뉴를 개발하고 준비하여 고객의 니즈를 충족시킬 수 있다.

3) 메뉴의 구성

메뉴를 구성하기 전에 메뉴의 개념을 인식하고 다양한 메뉴의 종류를 숙지한 다음 메뉴의 구성 내용, 제공되는 시간, 기간 및 상황, 한정적 메뉴, 순환 메뉴 등의 특성들을 모두 고려하여 업소의 콘셉트에 맞게 구성할 수 있어야 한다.

(1) 메뉴 구성 내용

: 정식, 일품식, 복합식, 뷔페식, 카페테리아, 연회

(2) 제공 시간

: 조식, 브런치, 점심, 정찬, 서퍼supper: 밤참 또는 공연이나 행사 후 제공되는간단한 음식, 티타임

(3) 기간 및 상황

: 특별주문, 특별재료, 기념일, 계절메뉴

(4) 메뉴 순환

：고정메뉴, 시장메뉴(특정시기에만 이용 가능한 식재료 사용한 메뉴), 사이클메뉴

4) 메뉴의 경제성

메뉴를 구성할 때는 메뉴에 필요한 식재료의 원활한 공급 및 재고 유지 그리고 원가 등을 고려하여 경제성 여부를 확인하여야 한다.

5) 메뉴의 다양화

메뉴의 구성은 고객의 욕구 및 기호를 반영해야 하므로 시대에 맞는 새롭고 흥미로운 것을 적절하게 적용하며 다양화할 필요가 있다.

6) 메뉴계획 고려사항

메뉴를 계획할 때는 관리자의 관점, 고객의 관점으로 크게 나누어 생각해 봐야 하며 다수 의견을 참고해야 한다.

(1) 관리자의 관점

① **조직의 목표**：조직의 경영 목표에 따른 방향 설정을 통해 고객 만족과 매출의 극대화를 이루고 이윤을 창출해야 한다.

② **원가와 수익성**：원가가 높아 수익성이 없는 메뉴는 인기가 있어도 경영에 악영향을 미치므로 판매 불가이다.

③ **식재료 시장**：안정적인 공급이 어려운 식재료가 포함된 메뉴는 판매 여부를 신중히 고려해야 한다.

④ **조리설비 및 기기**：신속하게 제공이 가능한 메뉴의 선정은 고객 만족 차원에서 중요하다.

⑤ **종사원** : 담당 직무에 능력을 발휘할 수 있어야 서비스의 질을 높일 수 있으므로 중요하다.

(2) 고객의 관점

① **고객의 필요와 욕구** : 표적 시장을 결정한 다음 이용고객의 필요와 욕구 및 선호도를 파악하고 시장 경향을 분석해야 한다.(이용고객층, 생리 · 심리 · 사회적 욕구)

② **다양성과 매력성** : 이용고객의 음식에 대한 선호도, 습관, 감각적 속성 등을 고려해야 한다.

③ **영양적 요소** : 맛이나 포만감 제공을 넘어 필요 열량, 영양분의 균형까지 조화롭게 구성해야 한다.

④ **심미적 요소** : 모양, 색상, 접시 등이 전제적으로 조화를 이루어야 한다.

7) 메뉴구성 원칙

메뉴를 구성할 때는 메뉴의 구체적인 품목을 먼저 결정한 후 구성한다. 코스요리에서는 주 요리를 먼저 결정하고 나머지를 결정하는 것이 좋다.

8) 코스 메뉴구성 고려사항

① 재료 또는 동일 조리법을 반복 사용하지 않아야 한다.
② 색상이 유사한 요리를 반복구성하지 않는다.
③ 유사한 소스를 중복하여 사용하지 않아야하며 장식에도 주의해야 한다.
④ 업소의 규모 및 장비, 콘셉트와 계절, 서비스 인원 등을 고려하여 구성해야 한다.
⑤ 영양적인 측면은 점점 관심도가 높아지는 중요한 요소로 영양분의 균형을 반드시 고려해야 한다.

4. 구매관리

1) 구매관리

구매는 조리의 시작 단계라고 할 수 있으며 중요 요소들을 충족시키기 위한 활동이다. 구매관리는 식재료 이외의 조리와 관련된 모든 제반 물품들을 공급하는 전반적인 행위로서 가격, 품질, 양, 시기 등의 필요 요건을 모두 충족해야 한다.

2) 구매목적

표준 품질 또는 그 이상의 좋은 품질의 자재를 보다 저렴한 가격으로 구매하는 것이 목적이다.

3) 구매절차

필요성 확인(메뉴계획) → 물품의 요건 기술(표준구매명세서 작성) → 시장조사 → 거래처 산정 및 확보 → 가격 결정 → 발주 및 주문에 대한 점검 → 송장 점검 → 검수 → 인수 및 반품 → 기록 및 문서관리

4) 식재료 구매방법

(1) 공개 시장구매

저렴한 가격으로 좋은 품질의 재료를 구매할 수 있는 방법으로 여러 상인으로부터 받은 명세서(견적서)를 검토한 후 구매를 결정하는 것이다.

(2) 계약구매

매일 또는 일정 주기로 납품받아야 하는 식재료는 특정 기간을 정하지 않고 상호간 계약에 따라 구매가 이루어진다. 능력 있는 공급처를 선정하면 품질이 우수한 물품을

공급받을 수 있으므로 계약구매에 있어서는 사업자 선정이 매우 중요한 부분이다.

(3) 비밀 입찰구매

일반 식음료업소에서 사용되는 구매형태는 아니며 정부기관 또는 일부 공공기관이 구매하는 방법이다. 필요한 품목목록을 입찰신청서와 공지하면 관련업자들이 입찰신청서에 품목과 그 품목의 가격을 기재해서 봉함우편으로 발송한다. 최저가격으로 제시한 업체에게 낙찰이 이루어진다.

일반적으로 외식업소들은 납품처를 선정해 시장공급가에 납품받는 경우가 많다.

(4) 대량구매

저장성이 좋은 동일품목을 대량 구매하는 것으로 장점은 보다 저렴한 가격으로 납품받아 구매비용을 절약할 수 있다는 것이고, 단점은 보관 장소가 확보되어야 하며 관리비용이 발생한다는 것이다.

(5) 상용구매

메뉴의 판매량에 따라 여러 차례 필요한 양을 구매하는 것으로 신축성 있게 구매할 수 있지만 필요 시점에 물품이 없어 구매할 수 없는 상황이 생길 수도 있다. 그럼에도 불구하고 신선도가 매우 중요한 품목들은 이 방법으로 구매가 이루어진다.

(6) 공동구매

여러 업소에서 공동으로 구매하는 것으로 비교적 소규모의 동종 업소 개인 사업체들이 함께 구매함으로써 단가를 낮추어 비용을 절감하는 방법이다.

(7) 집중구매

프렌차이즈 업체의 구매방식이며 본사에서 일괄 대량구매가 이루어지는 형식으로 비용절감 차원에서 대량구매의 장점이 있으나 근래에 악용되어지는 사례가 늘고 있다.

5) 구매 시 주의사항

① 신선도 : 식재료의 신선도는 맛을 결정짓는 핵심요소이므로 구매 시 가장 중요한 확인사항이다.

② 위생 : 반드시 위생적으로 처리된 것을 구매함으로써 안전성을 확보해야 한다.

③ 안전 : 안전한 식재료인지 항상 확인해야 한다. 농약, 중금속, 첨가물 등의 허용기준을 초과한 식재료를 사용할 경우 다양한 문제가 발생되므로 각별히 주의해야 한다.

④ 적정가격 : 필요 이상 높은 가격으로 구매가 이루어지게 되면 원가에 따른 상품가격변동이 불가피하다. 이는 물가형성에 악영향을 미치므로 적정선에서 구매계약이 이루어지고 실행되어야 한다.

6) 검수

검수는 주문 후 입고된 식자재가 가격, 품질, 수량, 규격 등 주문 내역과 일치하는지 견적서(발주서)와 대조하는 것이다. 기준미달의 재료를 인수하게 되면 생산량 저하 및 상품의 품질저하 등을 초래하여 경영성과에 차질이 발생 될 수 있으므로 검수 시 꼼꼼하게 확인해야 한다.

- 계약서와 수량, 가격, 원산지 등을 확인한다.
- 표준구매서를 근거로 물품의 수량, 품질, 규격, 이상 여부를 확인한다.(인수거부 가능)
- 신선도 유지 및 품질 저하 방지를 위해 적정온도의 저장 공간에 먼저 들어온 식재료를 먼저 사용(선입선출)할 수 있도록 위치(적재적소)를 선정하여 옮긴다.
- 검수보고서를 작성한다.

(1) 검수관리 방법

① 송장 검수방법

일반적으로 많이 사용되는 검수방법으로 송장에는 품목, 수량, 가격, 기타 항목 등을 기재할 수 있다. 식재료를 납품받은 검수 담당자는 배달된 송장에 기재된 내용과 배달된 식재료들의 품목, 수량, 특성, 가격, 원산지, 기타 등을 구매명세서와 함께 대조하며 정확히 확인해야 한다.

② 표준순위 검수방법

송장 검수와 매우 유사한 방법으로 배송된 식재료와 함께 전달받은 배달전표로 검수하는 것이다. 이 방법은 동일 품목을 일정주기를 두고 고정적으로 동일 업체에서 납품받을 때 사용하는 방법이다.

③ 무표식 검수방법/맹목 검수방법

무표식 검수는 제품과 함께 전달받은 송장에 품명 말고는 어떤 정보도 기재되어 있지 않으므로 검수하면서 공란에 실제 받은 물건에 대한 사항을 검수 담당자가 기록해야 한다. 제품의 품명, 수량, 가격, 품질, 특징, 원산지, 기타 등이 기재된 정식송장이 나중에 도착하면 물품을 받고 검수한 당사자는 자신이 기록한 사항들과 정식송장의 내용이 맞는지 확인한다.

④ 우편배달 검수방법

우편, 택배, 화물 등의 방법으로 물품을 배송 받은 경우이며 배송표가 송장의 역할을 하는 방법으로 물품주문 정보, 배송된 물건, 배송표를 확인해야 한다.

7) 재고조사

- 재고 : 수익 창출을 목적으로 판매되는 상품을 만들기 위해 준비해둔 재료들을 말한다.
- 재고조사 : 재고관리를 위해 보유사항을 자세하게 조사하는 것이다.
- 재고관리 : 판매에 지장이 없는 범위에서 적절한 시기에 갖추어져야 하는 재고수준을 결정하고 보유함으로써 재고 준비를 위한 비용이 최소가 되도록 계획 · 통제하는 것을 말한다.
  ⇨ 즉 재고조사를 통해 재고관리를 함으로써 적정 시기에 물품을 주문하여 지정 장소에 적정 재고량을 유지하기 위함이다.

5. 식재료의 관리

식재료의 관리는 여러 형태의 낭비 또는 손실을 줄이기 위해 중요하다. 식재료의 특성을 이해하고 목적에 맞는 것을 구입할 수 있어야 하며, 구입 완료한 식자재들은 본래의 목적대로 사용 가능하도록 최적의 조건으로 보관하여 사용 시점에 지체 없이 출고가 이루어지도록 해야 한다.

1) 식재료 선별

(1) 육류

육류는 각각의 품종, 사육 방법, 연령, 부위 등에 따라 그 특성이 차이가 있다. 보통 소고기는 윤기가 있고 선홍빛을 띠며 용도에 맞는 적정 마블링이 있는 것, 돼지고기는 회색이 가미된 선홍빛을 띠며 지방이 백색인 것, 가금류는 지방질이 적고 탄력 있는 육질을 가진 것을 선별하여 사용한다.

(2) 달걀

껍데기가 단단하고 거칠며 작은 기공이 많은 것이 신선한 것이다. 사용 전 껍데기를 살짝 두드려 금이 갔는지 확인해봐야 한다.

(3) 어류

눈의 색과 빛이 선명한 것, 비늘이 가지런하고 고르게 있는 것, 아가미를 벌려보았을 때 붉은 빛인 것, 불쾌한 냄새가 없는 것이어야 한다.

(4) 유지류

유지류는 지방의 함량이 높은 식품으로 온도변화 또는 빛에 의해 지방이 산화되어 산패현상이 생길 수 있으므로 산패되지 않은 것, 분리현상 발생하지 않은 것, 그리고 고유의 특성을 지닌 풍미가 좋은 것이어야 한다.

(5) 채소 및 과일

채소와 과일류는 수확 후 이동 중에도 호흡, 후숙, 증산작용 등의 생리작용이 일어나므로 품질의 변화가 빠르고 조직이 부드러워 쉽게 상할 수 있는 특성을 가지고 있다. 시들지 않고 싱싱한 것, 상처가 없는 것, 풋내 없는 것(사용시점을 감안하여 숙성 정도 확인)이어야 한다.

2) 식재료 보관

적정보관온도	• 상온식품 : 15~25℃ • 보냉식품 : 10~15℃ • 냉장식품 : 0~6℃ • 냉동식품 : -18℃ 이하 • 급속냉각식품 : -40℃ 이하

(1) 육류

육류는 사용 시기 및 용도에 맞추어 적정 온도에서 냉장 또는 냉동 저장한다.

- 냉장 : 숙성완료된 것은 비닐 랩으로 감싸거나 보존 용기에 담아 3℃ 이하, 2일 이내 단기간 저장, 숙성이 필요한 것은 약 2℃ 내외의 온도에서 10일 정도 저장
- 냉동 : 진공 포장해서 영하 18~20℃ 이하에서 1개월 정도 저장

(2) 어류

어류는 조직이 연하고 산패가 쉽게 일어나므로 입고 후 바로 비늘과 내장을 제거하고 소금물로 깨끗이 씻은 다음, 물기를 제거한 후 밀봉하거나 보존용기에 담아 3℃ 이하에 냉장 보관하거나 냉동 보관한다.

(3) 건어물류

단기간 보관할 때는 빛이 들지 않는 서늘하고 건조한 곳에 밀봉하여 보관하며 장기간 보관해야 할 경우는 냉동 보관한다.

(4) 곡류

건조하고 서늘하면서 통풍이 잘되고 해충으로부터 안전한 장소에 보관한다.

(5) 채소류

채소는 세척을 한 경우에는 물기를 반드시 제거한 다음 뚜껑이 있는 보존용기에 담아 냉장 보관한다. 보통 채소류는 냉장온도에서 냉해가 발생할 수 있으므로 마른 천이나 키친타월 등으로 감싼 다음 4~6℃ 정도로 보관하여 호흡작용, 수분증발 등을 억제시킨다. 마늘이나 양파의 경우는 냉장보관하지 않고 그늘지고 서늘한 곳에 보관해야 한다.

(6) 달걀

세척을 하지 않은 달걀은 상온에서 1개월 정도 보관이 가능하지만 「유통관련법」상 대부분의 달걀이 세척처리 후 유통되므로 냉장에서 보관한다.

(7) 유지류

식용유, 참기름, 들기름 등은 대부분 냉암소(빛이 들지 않는 15℃ 이하의 장소)에 보관하며, 버터는 단기간 사용 또는 보관 시 냉장에서 보관이 가능하지만 장기간 보관해야 할 경우는 -5~0℃에서 보관한다. 견과류는 밀봉상태인 것을 단기보관 시는 냉암소에 보관해도 되나 오픈하거나 장기간 보관해야 할 때는 냉동 보관한다.

3) 저장관리

식재료의 저장은 식재료의 특성에 맞는 적정장소에 보관함으로써 저장 중 발생할 수 있는 낭비 또는 손실을 줄이기 위해 중요하며 적정 재고를 유지하도록 관리함으로써 필요 시 신속하게 공급하기 위함이다.

(1) 냉장

냉장보관은 동결되지 않는 정도의 0℃ 이상 6℃ 내외의 온도에서 저장 · 보관하는 것으로 식재료와 조리 완료된 일부 음식을 저온으로 단기간 저장하기 접합하다. 사람이 들어갈 수 있는 창고형, 흔히 사용하는 기계식 박스형, 위쪽에 조리작업대가 설치되어 있는 테이블형이 있다.

(2) 냉동

냉동저장은 -18℃ 이하 -20℃ 내외의 온도에서 저장 · 보관하는 것으로 식재료의 영양가, 맛, 조직, 색 등의 변화를 최소화할 수 있으며 냉장보관보다 장기간 저장이 가능하다. 룸형, 창고형, 박스형, 테이블형이 있으며, 룸형 또는 창고형 냉동시설은 사고의 예방차원에서 내부에도 문을 열 수 있는 장치가 반드시 있어야 한다.

(3) 급속냉각

일반적으로 사용하는 냉동고와 달리 -40℃ 이하의 낮은 온도에서 매우 짧은 시간 내에 신속하게 얼릴 수 있는 기기이므로 식품이 박테리아 생장 가능한 온도에 머무는 시간을 단축할 수 있다.

(4) 빙온

빙온은 냉장도 냉동도 아닌 0℃ 이하 얼기 직전까지의 온도대로 '효온'이라고도 한다. 이 온도대에서는 균의 증식이나 변색 현상이 거의 발생하지 않으므로 식재료를 보관할 뿐 아니라 숙성, 건조, 발효 등에도 이용한다.

(5) 창고

창고저장은 저온저장을 하지 않는 채소류나 건조식품, 가공 · 반가공 식품, 기물 등을 저장하는 것으로 품목별로 최대의 품질을 유지하기 위한 최적의 상태의 공간에 보관해야 한다.

6. 기초기능 익히기

1) 미장플러스

미장플러스Mise en Place란, 조리과정에 필요한 재료 및 도구를 조리작업을 시작하기 전에 준비하여 적재적소에 배치해두는 것이다. 조리 작업을 위해 필요한 기본 식재료들을 미리 손질하여 준비해두고 조리에 사용할 조리도구들을 사용하기 편한 위치에 준비해 놓는 것으로 조리 작업에 필요한 모든 준비를 완결해 둠으로써 조리과정을 단순화하여 조리작업이 무리 없이 이루어질 수 있도록 하기 위함이다.

2) 칼의 이해

칼은 조리 작업의 가장 기본이 되는 도구로 다양한 식재료를 자르고, 썰고, 다지는 등 효율적으로 사용이 가능하다. 칼은 형태와 크기 및 용도별로 그 종류가 매우 다양하므로 칼이 가지고 있는 특성과 기능을 이해하고 숙지한 다음 용도에 맞도록 안전하게 사용해야 한다.

- 칼끝 : 가늘고 뾰족한 부분으로 섬세한 작업에 사용
- 칼날 : 올바른 방법으로 예리하게 세운 칼날 부분은 모든 썰기 작업에 사용
- 손잡이 : 흔들리지 않도록 관리한 손잡이는 사용자의 피로도를 낮출 수 있다. 바르게 잡고 힘 조절을 하며 사용

3) 칼 갈기

칼을 갈 때는 자세를 바르게 유지하고 칼을 가는 작업에만 집중해야 한다. 30분정도 수분을 충분히 흡수시킨 숫돌을 움직이지 않도록 고정시킨 후 숫돌 위에 칼의 각도를 15도 정도로 유지하고, 한손으로 칼의 손잡이 부분을 잡고 다른 손으로 칼 단면의 위쪽 면을 가볍게 누르면서 잡아당겨 준 다음 밀어내며 갈아준다. 입자가 거친 숫돌에서 고운 숫돌로 넘어가며 2~4mm 길이 정도로 칼날의 각을 세운다. 임시로 빠르게 칼날을 바로 잡으면서 예리하게 만들 때는 쇠칼갈이 봉을 사용하기도 한다.

4) 칼 잡는 방법

Pinch Grip	칼의 양쪽 면을 엄지와 검지로 각각 잡는 방법	기본적인 자르기 할 때	
Dagger Grip	칼등 쪽에 엄지를 올리고 잡는 방법	단단한 식재료나 뼈째 자르기 할 때	
Point Grip	칼등 쪽에 검지를 올리고 잡는 방법	칼끝 부위로 정교하게 자르기 할 때	
Hammer Grip	칼 손잡이만 손을 둥글게 모아서 잡는 방법	힘들이지 않고 칼을 편하게 사용 가능	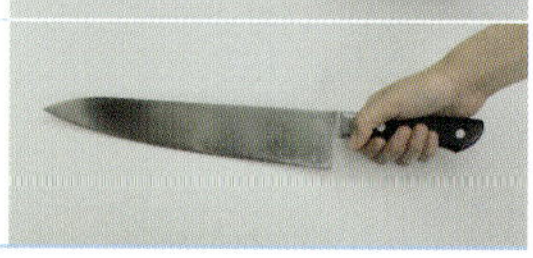

5) 기본 썰기 방법

밀어썰기	Push Slice	칼끝 쪽으로 가볍게 밀면서 써는 것으로 썰기의 기본 방법이다.
당겨썰기	Pull Slice / Sashimi Cut	칼의 뒤쪽 방향으로 당기면서 써는 것이다.
내려썰기	Chop	칼끝을 도마에 고정하고 칼날을 수직으로 움직이며 써는 것이다.
수평썰기	Horizontal Cut	재료를 지그시 누르면서 수평으로 저미듯이 써는 것이다.

6) 기본 썰기 용어

파인 쥘리엔느	Fine Julienne	0.15cm×0.15cm×2.5~5cm 정도 크기의 막대 형태로 가늘게 채 썬 것이다.	
알류메트	A llumette	0.3cm×0.3cm×6cm 정도 크기의 막대 형태로 채 썬 것이다.	
바토네 퐁 느프	Batonnet Pont Neuf	0.6cm×0.6cm×6cm 정도 크기의 막대 형태로 채 썬 것이다.	
쉬포나드	Chiffonade	실처럼 아주 가늘게 채 썰기 한 것이다. 잎채소, 대파, 허브 등의 얇은 잎을 둥글게 말아서 썬다.	
브뤼누아즈	Brunoise	0.15cm×0.15cm×0.15cm 정도 크기의 주사위 형태로 정육면체 썰기 한 것이다.	
콩카세	Concasse	0.5cm×0.5cm×0.5cm 정도 크기의 주사위 형태로 정육면체 썰기 한 것이다.	
마세도앙	Macedoine	1.2cm×1.2cm×1.2cm 정도 크기의 주사위 형태로 정육면체 썰기 한 것이다.	
큐브 라지 다이스	Cube Large Dice	2cm×2cm×2cm 정도 크기의 주사위 형태로 정육면체 썰기 한 것이다.	
빼이잔느	Paysanne	1.2×1.2×0.3cm 정도크기의 납작하고 얇은 직육면체 형태로 썰기 한 것이다.	
에멩세 슬라이스	Emincer Slice	재료를 얇게 저며 써는 것이다.	
롱델	Rondelle	둥근 형태의 재료를 1cm 정도의 두께로 자르는 것이다.	
캐롯비시	Carrot Vichy	재료를 0.7cm 정도의 두께로 둥글게 자르는 것이다. 가장자리를 비스듬하게 잘라내기도 한다.	
샤토	Chateau	재료를 길쭉하고 둥글게 모양내어 잘라내는 것으로 가운데가 굵고 끝부분이 가늘어지도록 다듬는 것을 말한다. 5~6cm 정도 길이의 뾰족한 타원체 모양이 된다.	
올리베트	Olivette	가운데 부분을 둥근 올리브 모양으로 다듬어 자르는 것을 말한다. 이 방법 역시 양쪽 끝을 다듬어 뾰족하게 만드는 것으로 썬다기보다는 다듬는다가 더 적당하다.	
뚜르네	Tourner	돌리다. 회전하다의 뜻으로 과일이나 단단한 뿌리채소 등을 돌려가며 둥글게 깎아 내는 것을 말한다. 주로 양송이 윗부분에 칼집을 내거나 사과를 잘라 각이 있는 부분을 둥글게 다듬어주는 것을 말한다.	
파리지엔	Parisienne	채소, 과일 등을 동그란 구슬 모양으로 파내는 것을 말한다. 필요한 구슬모양을 얻기 위해서는 필요한 크기에 맞는 볼 커터나 파리지엔 나이프를 사용해야 한다.	

7) 기초조리 방법

Blanching	다량의 끓는 물에 재빨리 식재료(10:1비율)가 익도록 데쳐내는 방법
Poaching	약 60~80℃ 정도의 뜨겁지만 끓지 않는 비교적 낮은 온도의 액체 속에 식재료를 넣고 서서히 은근하게 익히는 방법
Boiling	재료를 함께 넣고 끓이거나 끓는 물에 재료를 넣고 삶아내는 방법
Simmering	약 85~95℃정도의 온도에서 식재료의 성분을 축출해 내기 위해 은근히 끓이는 방법
Steaming	100℃이상 고온에서 발생하는 증기를 이용해 식재료를 익히는 방법
Frying	적정온도로 가열한 다량의 기름에 식재료를 넣어 튀겨서 익히는 방법
Pan frying	가열된 팬과 기름의 열을 이용하여 식재료의 겉이 바삭하게 튀겨지듯이 익히는 방법
Sauteing	Pan frying보다 높은 온도에서 소량의 기름을 사용하여 비교적 적은 양의 식재료를 빠른 시간에 익히는 방법
Grilling	석쇠 바로 아래의 열원에서 나오는 열기로 뜨겁게 달구어진 석쇠에 식재료를 올려 줄무늬가 생기도록 구워서 익히는 방법
Broiling	위쪽에 있는 열원을 이용하여 높은 열에 단시간에 구워서 익혀내는 방법 (브로일러와 살러맨더 사용)
Gratinating	일부 조리 완료된 요리에 치즈, 버터, 소스 등을 추가하여 살러맨더, 브로일러 등을 이용해 추가로 더 가열하여 표면이 갈색이 되도록 만드는 방법
Barbecuing	불의 열을 이용해 서서히 식재료를 구우면서 훈연의 향을 입히며 익히는 방법
Roasting	밀폐된 공간의 오븐 속을 뜨거운 상태로 만들면 그 열의 대류작용에 의해 조리되는 방법
Baking	오븐 내부에서 순환하는 뜨겁고 건조한 열이 빵과 과자의 표면을 바싹하게 구워주는 방법
Smoking	은근한 열로 나무를 태울 때 발생하는 연기를 쐬게 하여 그 연기의 유효성분을 적용시켜 저장성과 맛을 상승시키기 위한 조리방법
Stewing	크기가 작은 편인 재료를 두꺼운 팬에 재빨리 볶은 후(Sauteing), 육수나 소스를 재료가 잠길 정도로 넣고 충분히 익되 완전히 건조되지 않을 때까지 걸쭉하게 조리(Simmering)하는 방법
Braising	크기가 큰 편인 육류를 표면만 갈색이 나도록 익혀 육즙이 용출되지 않도록 하고(Pan frying), 약간의 육수나 소스와 함께 오븐에서 서서히 조리(Roasting)하는 방법
Glazing	설탕, 버터 등을 이용하여 윤기가 생기도록 코팅해주는 방법
Poeler	Oven속에서 온도조절을 하며 찌고 굽는 것을 말한다. 용기에 채소를 깐 다음 고기와 소량의 스톡이나 와인등의 혼합액을 넣고 뚜껑을 닫아줌으로써 재료가 가진 수분으로 천천히 익히는 조리방법

7. 조리기기 및 도구

조리기기는 여러 가지 부품으로 구성된 것으로 동력 장치를 갖추고 움직이거나 작업을 행하는 것이고, 조리도구는 조리작업을 할 때 필요한 도마부터 스푼Spoon류, 커터Cutter류, 슬라이서Slicer류, 팬Pan류, 몰드Mould류 등등으로 동력 장치 없이 작업을 할 수 있는 것들이다. 조리용 기기 및 도구들을 요리의 특성 혹은 재료의 특성에 따라 알맞게 선택하여 사용하면 조리업무의 효율을 높여줄 뿐만 아니라 완성된 요리의 외형적 가치를 높일 수 있으며 안전사고의 위험도 줄일 수 있다.

1) 조리기기

조리기기는 대부분 크기가 매우 큰 편이기 때문에 공간을 많이 차지하며 가격도 상당히 비싼 편이므로 구입 시 경제성, 사용방법에 따른 성능, 효용성, 편의성 그리고 내구성 및 사후관리 등을 고려해야 한다.

가스레인지	Gas Range	주방에서 요리할 때 화력을 이용하기 위해 가장 많이 사용하는 기기로 열 공급원이 가스인 것이다.	
그리들	Griddle	두꺼운 철판이 뜨거운 온도를 유지하도록 만든 것이며 철판 위에 재료를 올려 조리하는 기기로 주로 식재료를 볶을 때 사용한다.	
샐러맨더	Salamander	위에 있는 열을 이용해 두껍지 않은 재료를 익히거나 색을 낼 때 사용한다.	
브로일러	Broiler	육류, 생선류 등을 복사열을 이용해서 구울 때 사용한다.	
딥 프라이어	Deep Fryer	다양한 식재료를 다량의 기름에 대량 튀길 때 사용한다	
오븐	Oven	한정된 오븐의 내부 공간 안에 열을 공급하여 뜨거워진 열이 재료를 감싸면서 조리가 이루어지는 것이다. 조리 할 음식에 알맞은 온도로 미리 예열한 후 사용해야 하며 조리 완료 전에 오븐의 문을 열지 않아야 한다.	
컨벡션 오븐	Convection Oven	오븐 내부에 부착된 팬에 의한 대류열을 이용해 음식물에 열을 골고루 전달하여 데우거나 익히는 오븐으로 수분공급이 가능한 장치가 있는 점이 일반 오븐과의 차이이다.	

베이커리 오븐	Bakery Oven	베이커리 주방에서 사용하는 오븐으로 천천히 전달되는 균일하면서 건조한 열이 표면에 접촉되면서 구워주므로 빵이나 쿠키 등을 구울 때 사용한다.	
스팀 케틀	Steam Kettle	매우 많은 양의 음식물을 한꺼번에 끓이거나 삶아낼 때 사용한다.	
파스타 누들 머시너리	Pasta Noodle Machinery	파스타의 면을 만들 때 사용하는 기계이다.	
푸드 블렌더	Food Blender	음식물을 곱게 갈 때 사용한다.	
슬라이서	Slicer	여러 종류의 식재료를 얇게 자를 때 사용한다.	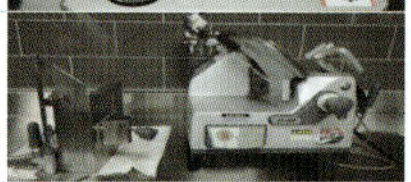
아이스 머신	Ice Machine	일정한 크기의 얼음을 만드는 기계이다.	
리프리저에이터 & 프리저	Refrigerator & Freezer	식재료나 음식물을 냉동이나 냉장으로 보관할 때 사용한다.	
쿨링박스	Cooling Box	스톡, 수프나 소스 등을 빨리 냉각시키기 위해 사용한다.	
커팅 보드 스테럴라이저	Cutting Board Sterilizer	주방에서 사용하는 도마를 세척 후 소독할 때 사용한다.	
디시 워셔	Dish Washer	조리도구나 접시 등의 세척과 소독을 위해 사용한다.	
핸드 워싱	Hand Washing	주방 한 쪽에 마련된 손 세척 전용 세정대이다.	
전자저울	Electron Scale	식재료나 음식의 무게를 정확히 측정할 때 사용한다.	

2) 조리용 도구

조리용 도구는 조리과정 중 가장 많이 사용하는 팬류나 냄비류 등 가스레인지나 오븐에서 음식을 익히기 위해 조리할 때 사용하는 것과 음식을 준비하는 과정에서 사용하는 기물류들이다. 재질, 크기, 모양, 열전도율 등을 고려하여 용도에 알맞은 것을 선택하여 사용해야 한다.

프라이팬	Frying Pan	코팅 처리된 팬으로 식재료를 볶거나 튀길 때 사용한다.
스톡포트	Stock Pot	스톡이나 소스를 끓일 때 사용하는 것으로 크기가 크고 깊이가 깊은 편이다.
소스팬	Sauce Pan	소스를 끓이거나 데울 때 사용하는 팬으로 높이가 낮은 편이다.
로스팅팬	Roasting Pan	오븐에서 로스팅할 때 사용한다.
피시 케틀	Fish Kettle	비교적 적은 양의 생선이나 갑각류를 스팀으로 조리할 때 사용한다.
호텔팬	Hotel Pan	식재료나 음식물을 담거나 보관할 때 사용한다.
그릴(석쇠)	Grill	육류나 생선을 구울 때 사용한다.

3) 조리용 소도구

조리작업을 할 때 필요한 도마부터 스푼류, 커터류, 슬라이서류, 몰드류, 기타 등 등으로 효율적인 작업을 할 수 있게 해주는 실용적인 도구들로 그 종류가 매우 다양하다. 요리나 재료의 특성에 따라 알맞게 선택하여 사용해야 한다.

키친보드	Kitchen Board	식재료를 썰 때 받침으로 사용하며 음식에 따라 고기, 생선, 과일, 채소, 김치전용 등으로 용도별로 구분하여 사용한다.	
샤프닝스톤	Sharpening Stone	무딘 칼날을 날카롭게 세울 때 사용한다.	
프렌치나이프	French Knife	주방에서 다양한 용도로 가장 많이 사용되는 칼이다.	
카빙나이프	Carving Knife / Slicer	덩어리가 큰 육류나 가금류, 연어 등을 자를 때 사용한다.	
스쿱	Scoop	다양한 크기의 종류가 있으며, 채소나 과일류를 원하는 크기의 동그란 구슬 형태로 모양내어 파낼 때 사용한다.	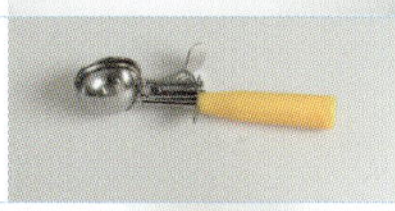
제스터	Zester	오렌지, 레몬류의 껍질을 얇게 벗겨 낼 때 사용한다.	
포테이토 필러	Potato Peeler	감자나 채소류의 껍질을 제거할 때 사용한다.	
에그 슬라이서	Egg Slicer	삶은 달걀을 일정한 두께로 자를 때 사용한다.	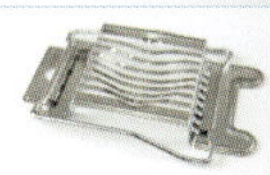

롤 커터	Roll Cutter	구워낸 피자나 제과용 얇은 반죽을 자를 때 사용한다.	
피시 본 피커	Fish Bone Picker	생선살에 박혀 있는 가시나 뼈를 제거할 때 사용한다.	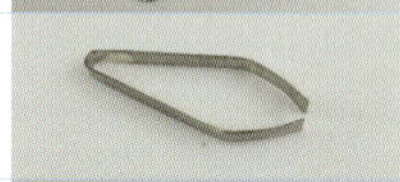
피시 스케일러	Fish Scaler	생선의 비늘부분을 벗겨낼 때 사용한다.	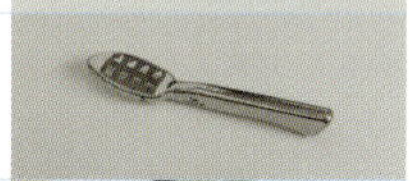
그레이터	Grater	치즈, 과일, 채소 등을 갈 때 사용한다.	
드럼 그레이터	Drum Grater	단단한 치즈를 갈아낼 때 사용한다.	
패스트리 백	Pastry Bag	크림, 으깬 감자 등의 부드러운 것을 넣고 짜낼 때 사용한다.	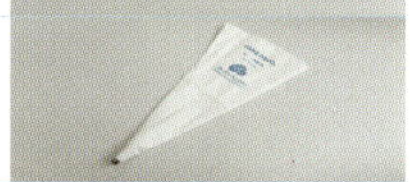
모양깍지 (노즐 세트)	Nozzle Set	패스트리 백 안의 내용물을 짜낼 때 모양이 생기도록 만들기 위해 사용한다.	
치즈 클로스	Cheese Cloth	평직의 얇은 면직물로 치즈, 버터, 육류 등의 포장에 사용. 재료에 포함되어 있는 수분을 짜낼 때 사용. 액체 속에 있는 응유물을 제거하기 위해 걸러낼 때 사용하는 것이다.	
조리용 실	Kitchen Thread	육류 또는 기타 식재료를 묶거나 고정시킬 때 사용한다.	
그릴 텅	Grill Tong	뜨거워진 식재료를 잡거나 들어 올릴 때 사용한다.	
래들	Ladle	스톡, 소스, 수프 등을 뜰 때 사용하는 국자이다.	
스키머	Skimmer	끓이는 과정 중에 생기는 거품이나 찌꺼기를 제거할 때 사용한다.	
슬로디드 스푼	Slotted Spoon	삶거나 익힌 것을 액체에서 분리해 낼 때 사용한다.	
차이나 캡	China Cap	수프나 소스, 삶은 음식 등을 걸러낼 때 사용한다.	
콜랜더	Colander	주로 채소류의 물기를 제거할 때 사용한다.	
믹싱볼	Mixing Bowl	식재료를 담거나 식재료들을 섞을 때 용기로 사용한다.	

소스 포트	Sauce Pot	소스나 스톡을 담을 때 또는 담아서 보관할 때 사용한다.	
미트 텐더라이저	Meat Tenderizer	육류나 생선을 두드려서 연하게 만들거나 얇게 펼칠 때 사용한다.	
밀대	Push Stick	반죽이나 음식을 밀어서 넓게 펼 때 사용한다.	
실리콘 브러시	Silicon Brush	털빠짐을 방지하기 위해 실리콘을 사용해서 만든 붓으로 오일이나 소스 등을 음식에 바를 때 사용한다.	
우든 패들	Wooden Paddle	나무재질의 주걱으로 음식물을 저어줄 때 사용한다.	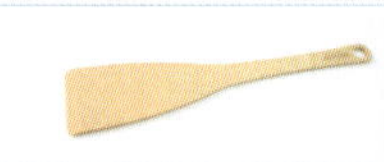
위스크/휘퍼 (거품기)	Whisk/ Balloon Whisk	재료들을 혼합하거나 거품 낼 때 사용한다.	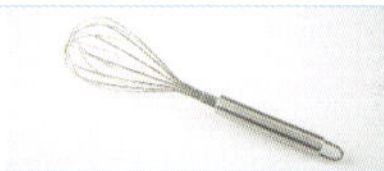
그릴 스패출러	Grill Spatula	조리 중 뜨거운 음식을 뒤집을 때나 옮길 때 사용한다.	
러버 스패출러	Rubber Spatula	고무주걱으로 음식물을 혼합하거나 모을 때 사용한다.	
스트레이트 스패출러	Straight Spatula	케이크에 크림을 바를 때나 작은 음식을 위생적으로 옮길 때 사용한다.	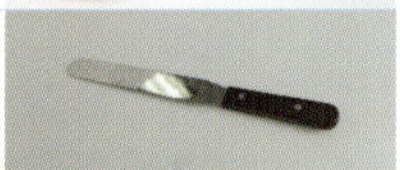
라텍스 고무장갑	Latex Glove	위생적으로 음식을 처리할 때 사용한다.	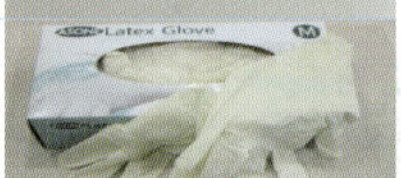
휘핑크림 디스펜서	Whipping Cream Dispensers	질소가스를 이용해 액상 형태의 크림을 고체 크림 형태로 만들어 뿌려줄 때 사용한다.	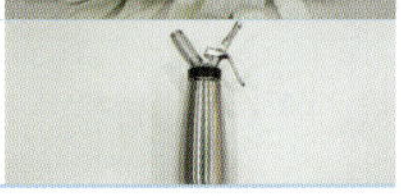

8. 채소와 허브 및 향신료

허브 및 향신료의 사용방법은 나라마다 그리고 음식에 사용되는 재료들과 조리법에 따라 다르며, 그 고유의 특성과 종류에 따라 음식의 맛에 매우 큰 영향을 미친다. 모든 음식은 재료에 따른 어울리는 허브 및 향신료가 있는데 이것들을 알맞게 잘 선택하여 사용하면 음식의 맛을 최대화할 수 있다.

Fresh, Dry, Whole, GroundSpice 등 상태에 따라 사용방법도 다르다. 보통 Fresh는 샐러드나 메인요리의 가니쉬로 소량 사용하고, Dry-whole은 스톡이나 소스등을 만들 때 조리의 시작단계에 첨가해 충분히 우러나면 제거하며, Dry-groundSpice는 조리의 마지막 단계에 소량 사용한다.

종류	특 징	용도	
케러웨이씨 (Caraway Seed)	1.회향풀과로 레몬향미와 단맛이 강한 편임 2.씨뿐만 아니라 뿌리도 사용	베이커리, 수프, 스튜, 치즈	
시나몬 (Cinnamon)	1.계피나무의 껍질을 말린 것 2.통 또는 분말로 사용	피클, 베이커리, 단맛의 요리	
정향 (Cloves)	1.열대지방에서 자라는 나무의 꽃이 피기 전 꽃봉오리를 따서 말린 것 2.강하고 자극성 있는 향미 (다른 식재료의 맛과 향 잃을 수 있으므로 사용주의)	베이커리, 수프, 육류 요리, 과일절임	
카레가루 (Curry Powder)	카더몬 · 카시아 · 칠리 · 계피 · 정향 · 생강 · 겨자 · 터머릭 등의 여러 가지 분말을 혼합하여 만듦	커리, 스튜, 치킨	
딜씨 (Dill Seed)	1. 향미, 생김, 사용법이 캐러웨이씨와 유사함 2. 저장식품 제조에 사용	해산물요리, 피클, 달걀요리, 제과	
겨자 (Mustard)	1. 씨 부분 사용 2. 건조해서 통으로 또는 분말로 사용	육류요리, 치즈요리	
넛맥 (Nutmeg)	1. 육두구나무 열매의 씨 2. 달콤하면서 쌉쌀한 맛 3. 분말로 주로 사용	소스, 토마토케첩, 단맛을 내기 위한 요리	
후추 (Pepper)	1. 열대기후에서 자라는 나무 열매 건조한 것 2. 매콤하면서 톡 쏘는 맛이 남	육류요리, 생선요리 소스, 절임류	
바질 (Basil)	1. 약간의 신맛이 있으면서 달콤한 향이 남 2. 토마토 요리와 잘 어울림	수프, 소스, 생선요리, 스터핑, 가니쉬, 파스타, 피자	

월계수잎 (Bay leaves)	1. 건조된 잎을 음식을 만드는 과정 중에 넣어 향미를 주거나 잡내 제거 2. 음식이 끓으면 제거	육류요리, 스튜, 수프, 소스 가공식품	
민트 (Mint)	1. 상쾌한 향미가 강함 2. 차로도 음용	소스, 감자요리, 후식요리	
파슬리 (Pasley)	1. 잎과 줄기부분 식용 2. 잎을 다져서 장식용으로 많이 사용	육류요리, 소스, 수프, 스터핑, 가니쉬	
로즈마리 (Rosemary)	1. 잎의 향미를 음식에 첨가하기 위해 사용 2. 건조 잎보다 싱싱한 것이 향 좋음	육류, 생선요리, 수프, 스튜, 절임, 소시지, 가니쉬	
세이지 (Sage)	1. 회녹색의 타원형 잎에 솜털이 있음 2. 씁쓸한 맛이 남	육류요리	
타라곤 (Tarragon)	1. 달콤하고 은은한 향미가 있음 2. 약간의 매콤한 맛이 있음 3. 유럽에서 음식에 다양하게 사용	육류, 생선요리, 파스타, 샐러드	
타임 (Thyme)	1. 커먼타임과 레몬타임으로 분류됨 2. 은은한 향미가 있음 3. 커먼타임의 향이 더 강한 편임	수프, 차, 달걀요리, 샐러드, 절임, 육류요리, 가공식품	
오레가노 (Oregano)	1.코를 찌를 듯한 상쾌한 향이 있음 2. 씁쓸하면서 엷은 매운 맛이 남	소시지, 소스, 육류요리, 양고기요리	
딜 (Dill)	1. 톡 쏘는 시큼한 풍미가 있음 2. 위장장애, 변비해소, 진정효과 있음	생선요리, 육류요리, 절임류	
쳐빌 (Chervil)	1. 파슬리보다 향과 맛이 좋은 편임 2. 유럽에서 사순절에 먹는 풍습이 있음	샐러드, 차, 생선요리, 수프, 가니쉬	
사프란 (Saffron)	1. 붓꽃과 한 그루에 꽃 3송이가 피며 한 송이에 있는 1개의 암술대를 수작업으로 채취하여 건조시킴으로 비쌈 2. 전체가 붉은 색이 감도는 짙은 오렌지색 3. 물에 용해되면 노란색을 띰	노란 색소, 생선요리, 쌀요리	
차이브 (Chive)	1. 백합목 다년생이며 시베리아, 유럽 등이 원산지임 2. 작은 파의 일종으로 짙은 녹색의 가는 잎이 있음 3. 알싸한 향이 남	육류요리, 생선요리, 절임, 가니쉬	
펜넬 (Fennel)	1. 지중해 연안의 미나리과 다년생 풀 2. 생선 비린내와 육류의 잡내 제거에 효과있음	육류요리, 생선요리, 샐러드	
바질패스토 (BasilPesto)	1. 제노바 항구를 이용하는 외국인들을 통해 알려짐 2. 잘게 다진 바질, 으깬 마늘, 잣, 파르메산 치즈, 올리브 오일로 가열하지 않고 만든 소스	파스타	
아티초크 (Artichoke)	1. 다년생 식물의 꽃봉오리임 2. 식감이 연하고 맛이 담백함	가니쉬, 샐러드, 수프, 스튜	
루콜라 (Rucola)	1. 잎의 끝이 뾰족하고 줄기 사이가 깊이 들어간 모양 때문에 '로켓(Rocket)'이라 불리기도 함 2. 잎이 매우 부드럽고 은은한 참깨 향과 엷은 매운 맛이 남	샐러드	

아스파라거스 (Asparagus)	1. 특유의 쌉쌀한 맛(아스파라젠산)이 남 2.어린 줄기를 식용	달걀요리, 수프, 초무침, 곁들임	
브뤼셀 스프라우트 (Brussels Sprouts)	1. 크기가 아주 작은 양배추로 오래전부터 벨기에에서 경작되어 벨기에의 수도가 이름에 붙여짐 2. 줄기에 빽빽하게 붙어 자라 '방울다다기양배추'라고도 함 3. 찌거나 끓는 물에 데친 후 사용	볶음요리, 스튜	
미니 당근 (Baby Carrot)	1. 아프가니스탄이 원산지이며 유럽에 전해지면 서 개량됨 2. 곧고 크기가 작은 편인 뿌리 부분을 식용 3. 비타민 A와 C가 풍부하다.	샐러드 볶음요리, 곁들임	
치커리 (Chicory)	1. 쌉쌀한 쓴맛이 강함 2. 아삭하면서 부드러운 식감의 잎을 식용	샐러드, 쌈	
샬롯 (Shallot)	1. 하나 이상의 작고 길다란 비늘줄기로 형성되며 양파껍질 같은 막질의 껍질로 싸여 있는 비늘줄기가 마늘처럼 여러 개가 무리지어 생김 2. 은은한 향이 있고 양파와 마늘의 중간정도의 맛임	볶음요리, 생선요리	
스트링빈스 (String Beans)	1. 다 자라지 않은 어린 것을 꼬투리째 수확하여 식용 2. 다른 그린빈에 비해 작고 가늘지만 아삭하면서 부드러운 식감이 있고 향이 좋음	볶음요리, 샐러드, 곁들임	
래디시 (Radish)	1. 겨자과의 식물로 '적무' 또는 '20일무'라 불림 2. 품종에 따라 색상이 다양하나 적색을 가장 보편적이며 많이 사용	샐러드, 가니쉬	
로메인 상추 (Romaine Lettuce)	1. 로마인들이 즐겨 먹었다고 해서 붙여진 이름 2. 코스섬이 원산지로 코스 상추라고도 불림 3. 시저샐러드에 사용 4. 씁쓸한 맛이 적고 잎줄기부분이 두꺼워 아삭한 식감이 있고 단맛이 남	샐러드, 쌈, 볶음요리	
라디치오 (Radicchio)	1. '이탈리안 치커리'로 양상추와 비슷하게 잎이 둥글고 백색의 잎줄기와 적자색의 잎이조화를 이룬 채소 2. 쌉싸름한 맛이 남(인터빈성분)	샐러드, 가니쉬	
엔다이브 (Endive)	1. 치커리의 뿌리에서 새로 돋아난 싹 2. 쌉쌀한 맛이 남	샐러드, 가니쉬, 볶음요리	
롤라로사 (Lolla Rossa)	1. 장미처럼 붉다는 뜻임 2. 곱슬거리는 모양의 이탈리아 상추	샐러드, 쌈, 겉절이	
단델리온 (Dandelion)	1. 우리가 민들레로 알고 있는 귀화식물 2. 활짝 핀 꽃을 차로 이용	샐러드, 나물	
크레송 (Cresson)	1. 깨끗한 물에서 자라는 서양냉이의 잎 2. 영어로는 워터크레스(Watercress), 우리나라에서는 물냉이라고 불림 3. 향긋하면서 톡 쏘는 매운맛과 쌉쌀한 상쾌한 맛이 남	수프, 샐러드, 가니쉬	
셀러리 (Celery)	1. 쓴맛이 강했던 야생 샐러리를 17세기 이후 개량한 것임 2. 톡 쏘는 향과 바삭한 식감 3. 연한 잎과 줄기를 식용	스톡, 샐러드	
쏘렐 (수영, Sorrel)	1. 녹색채소에 가운데 부분이 빨간색 줄이 있어 요리 장식에 사용 2. 잎은 둥글며 붉은 빛의 줄이 있어 독특한 신맛이 난다.	수프, 샐러드, 가니쉬	

9. 스톡

1) 스톡의 개요

뼈, 고기, 채소, 향신료 등을 이용해 추출해 낸 향미가 있는 국물로 우리말로는 육수, 영어로 스톡Stock, 프랑스어로 부용Bouillon, 퐁드Fond 등으로 불린다. 요리의 가장 기본이자 중심 재료로서 요리의 맛과 영양을 좌우하는 요소이므로 재료의 선택부터 만드는 모든 과정에 심혈을 기울여야 한다.

서양요리에서 가장 기본이며 중요한 재료라 할 수 있는 스톡은 동물의 뼈를 포함한 육류와 다양한 채소류 및 향신료(미르포아, 부케가르니)를 물에 넣고 끓여내 맛과 영양분을 우려 낸 국물이다. 이 스톡은 사용목적에 따라 사용하는 재료와 만드는 방법(화이트스톡, 브라운스톡)이 조금씩 달라진다. 스톡은 다양한 요리의 기본재료로 사용되므로 맛이나 향을 너무 강하게 만들어서는 안 된다.

2) 중심 재료

스톡은 사용 용도에 따라 사용하는 중심 재료가 조금씩 다르지만, 스톡에 기본적으로 사용되는 재료는 뼈Bones, 채소 및 향신료(미르포아Mirepoix, 부케가르니Bouquet garni)이다.

(1) 뼈(Bones)

뼈는 스톡의 생산에 있어 맛과 색을 좌우하는 주재료이므로 좋은 품질의 스톡을 만들기 위해서는 무엇보다 뼈의 선택이 중요하다. 뼈를 고를 때는 색, 냄새, 상태 등을 반드시 확인해야 한다. 뼈는 뼈가 포함하고 있는 연골, 콜라겐 등의 함유물들과 그 뼈에 붙어있는 고기의 결합조직의 양까지 확인해야 한다. 뼈의 콜라겐과 고기의 결합조직의 양이 풍부할수록 끓이는 과정에서 풍미와 윤기를 생성하는 젤라틴이 많아지므로 좋은 품질의 스톡을 생산할 수 있다.

스톡을 만들 때는 사용 목적에 알맞은 종류를 선택한다.

- 소뼈 : 관절뼈, 등뼈, 목뼈 등이 육수를 끓이는데 적당한 부위이며 연령이 적을수록 콜라겐의 함유량이 많다.
- 소고기 : 결합조직이 촘촘하게 있을수록 풍미와 윤기를 생성하는 젤라틴이 많이 용출되므로 결합조직의 양이 많은 양지머리 부위가 스톡을 만들 때 사용하기 가

기본미르포아

화이트미르포아

장 좋은 부위이다.
- 닭뼈 : 모든 뼈가 사용가능하나 목과 등뼈가 육수를 만들 때 가장 좋은 부위이다.
- 생선뼈 : 지방성분이 적은 넙치나 가자미과의 흰살 생선의 뼈가 육수를 만들기에 적합하다.

(2) 미르포아Mirepoix

미르포아는 스톡에 향과 맛을 더하기 위해 참가하는 것으로 양파Onion, 당근Carrots, 셀러리Celery, 대파, 파스닙 등을 필요에 따라 그 비율을 달리하여 사용한다. 기본 미르포아는 양파 50%, 셀러리 25%, 당근 25% 정도의 비율로 만들어 스톡이나 수프, 소스 등을 만들 때 사용한다. 미르포아는 향과 맛을 우려내고 제거되기 때문에 양파만 껍질을 벗기고 다른 재료들은 보통 껍질을 제거하지 않고 사용하는데, 브라운스톡을

만들 때는 색깔을 진하게 만들기 위해 양파껍질을 함께 넣기도 한다. 미르포아에 사용되는 채소의 모양이나 크기는 정해진 것이 없으나 스톡을 끓이는 시간이나 양에 따라 그 크기를 조금씩 다르게 사용한다. 조리시간이 짧은 것은 보통 작게 썰어서 사용해야 하며 오랜 시간 조리하는 것은 크게 썰거나 통째로 넣기도 한다.

화이트스톡을 만들기 위한 화이트 미르포아는 양파 25%, 셀러리 25%, 파 25%, 파스닙Parsnip 25% 정도의 비율로 만들어 사용하는데 당근을 넣으면 색이 변하므로 설탕당근이라 불리기도 하는 흰색류의 파스닙을 사용하는 것이다. 파스닙 대신 무, 대파 흰 부분, 양송이로 대체하기도 한다.

(3) 부케가르니Bouquet Garni/'향신료다발'

부케가르니는 파슬리줄기Parsley Stems, 대파 흰 부분Leek, 월계수잎Bay Leaves, 타임Thyme, 로즈마리Rosemary, 통후추Pepper Corn, 정향, 마늘 등을 흐트러지지 않도록 실로 묶거나 소창에 넣고 묶어서 만든다. 오랜 시간 끓이는 조리 과정 중 생길 수 있는 잡냄새를 제거하고 더욱 좋은 맛과 향을 가진 스톡을 만들기 위해 사용한다. 스톡은 비교적 약한 불에서 오래 끓여내기 때문에 향신료들을 통째로 사용해도 충분히 우러난다.

- 작은 재료를 큰 재료 안쪽에 두고 큰 재료들이 감싸도록 겹친 다음 실로 묶어준다.
- 스톡을 끓이기 시작할 때 넣고 마무리 단계에서 제거해 준다.

3) 스톡 만들 때 주의할 점

① 좋은 재료를 선택해야 한다.

② 재료에 함유되어 있는 피와 불순물을 사용 전에 완전히 제거해야 한다.

③ 찬물에 재료를 넣고 끓이기 시작해야 한다.

④ 끓기 시작하면 내부의 온도가 90℃정도를 유지되도록 불의 세기를 조절하여 천천히 완전히 우러나도록 끓여내야 한다.

⑤ 끓이면서 발생하는 거품과 불순물, 기름을 계속 제거해야 혼탁해지지 않는다.

⑥ 소금 간을 하지 않아야 한다.

⑦ 뜨거울 때 재료들을 건져내고 남아있는 내용물이 가라앉도록 잠시 둔 다음, 면보나 소창에 걸러줘야 한다.

⑧ 다량을 한 번에 만들어 일정기간 사용하므로 세균번식 방지를 위해 금속용기에 나누어 담아 가능한 빠른 시간 내에 식혀야 한다.(전용 냉각기나 얼음물을 사용하면 효과적임)

⑨ 남아있는 기름기를 제거하고 뚜껑을 덮은 후 제조 일시와 스톡 명을 기재하여 저온 시설에 보관해야 한다.(냉장: 3일, 냉동: 5개월)

4) 스톡의 종류

(1) 화이트스톡White Stock

- 스톡이 사용될 요리의 색에 영향을 주지 않기 위해 색이 날 수 있는 재료나 조리방법을 사용하지 않고 깊은 맛과 향을 우려낸 것이다.
- 송아지나 소, 닭, 생선 등을 뼈째 찬물에 담그거나 끓는 물에 살짝 데쳐서 불순물을 완전히 제거한다.
- 채소와 향신료 등을 함께 넣고 약한 불에서 장시간 서서히 거품을 걷어내며 끓여야 한다. 강한 불에 끓이게 되면 색이 누렇게 혼탁해지므로 주의해야 한다.

(2) 브라운스톡Brown Stock

- 진한 갈색을 띠며 깊은 맛과 향이 나도록 우려낸 것이다.
- 화이트스톡과 같은 방법으로 불순물을 제거한 재료를 갈색이 되도록 볶거나 오븐에 구워준다.
- 미르포아로 사용할 재료를 볶은 다음, 토마토 페이스트를 넣고 페이스트의 신맛이 없어질 때까지 볶아준다.
- 색이 나도록 만든 재료들과 향신료를 넣고, 약한 불에서 불순물과 거품을 걷어내며 장시간 서서히 끓인다.
- 내용물을 건지고 걸러준 다음, 필요한 농도로 졸여서 사용한다.

(3) 생선스톡Fish Stock

- 기름기가 없는 흰살 생선류의 뼈와 머리 등을 이용해 맛과 향이 나도록 우려낸 것이다.
- 깨끗이 손질한 생선을 찬물에 담가 핏물과 불순물을 제거하고, 뼈째 색이나지 않게 살짝 볶아준다.
- 작은 크기로 자른 채소, 향신료, 레몬즙, 화이트와인 등을 첨가하여 1시간정도 끓인 다음, 소창에 깨끗하게 걸러낸다.

(4) **채소스톡**Vegetable Stock

- 스톡이라기보다는 채소와 향신료를 사용하여 만든 깔끔한 조리용 육수이다.
- 작게 자른 채소가 뭉그러지도록 볶은 후 향신료를 넣고 다시 살짝 볶은 다음, 찬물에 넣고 1시간정도 은근하게 끓인 후 걸러준다.
- 은은한 맛과 향이므로 깔끔한 맛을 내는 요리와 웰빙요리에 사용하기 좋다.
- 건강에 관심이 높아지면서 사용 빈도가 늘어나고 있는 추세이다.(식이조절용, 채식주의자 요리용)

(5) **쿠르부용**Court Bouillon

- 채소 스톡에 식초나 레몬즙, 화이트와인과 같은 산성 성분의 재료를 혼합하여 끓여낸 것이다.
- 산성 성분이 첨가되어 있어 응고시키는 성질이 있기 때문에, 부서지기 쉬운 해산물요리의 포칭(Poaching) 용도로 주로 사용한다.

나주Nage : 쿠르부용에 생선의 뼈나 갑각류의 껍질까지 넣고 끓인 국물을 첨가하여 끓여낸 것이다.

(6) **브로스**Broth

브로스는 물 또는 스톡에 육류, 생선, 채소, 향신료 중 원하는 재료를 넣고 약한 불에서 오래 끓여 낸 것이다. 브로스 자체를 수프처럼 식용하기도 하며 수프나 소스의 기본 재료로도 사용한다.

<table>
<tr><td rowspan="9">스톡
Stock</td><td rowspan="7">퐁
Fond</td><td rowspan="4">화이트
스톡
White
Stock</td><td>화이트 비프스톡
White Beef Stock</td><td rowspan="4">찬물에 뼈있는 육류나 생선, 채소 등 각각의 재료를 향신료와 함께 넣고 뭉근하게 끓여낸 것</td></tr>
<tr><td>화이트 치킨스톡
White Chicken Stock</td></tr>
<tr><td>화이트 피시스톡
White Fish Stock</td></tr>
<tr><td>화이트 채소스톡
White Vegetable Stock</td></tr>
<tr><td rowspan="3">브라운
스톡
Brown
Stock</td><td>브라운 빌스톡
Brown Veal Stock</td><td rowspan="3">갈색이 나도록 굽거나 볶은 육류, 뼈, 채소를 향신료와 함께 뭉근하게 오랜 시간 끓여낸 것</td></tr>
<tr><td>브라운 비프스톡
Brown Beef Stock</td></tr>
<tr><td>브라운 치킨스톡
Brown Chicken Stock</td></tr>
<tr><td colspan="2" rowspan="2">부용
Bouillon</td><td>미트부용
Meat Bouillon</td><td rowspan="2">뼈 없는 육류, 채소를 화이트와인과 식초 등을 첨가하여 맑게 끓여 낸 것</td></tr>
<tr><td>채소부용
Vegetable Bouillon</td></tr>
</table>

10. 소스

1) 소스의 개요

소스Sauce는 음식 자체의 맛을 유지하면서 풍미를 높이고 음식의 시각적인 효과를 상승시켜주며 음식에 부족할 수 있는 영양을 더하여 음식의 가치와 질을 높이는 역할을 하는 것으로, 음식의 조리 과정 중 첨가되거나 제공 시 곁들여지는 혼합물들을 말한다. 소스는 스톡에 다양한 재료들을 추가하여 만들며 농후제를 사용하여 원하는 질감의 농도로 만들어 활용한다. 소스의 종류는 그 수를 헤아릴 수 없이 많아 수백 종 이상이지만, 기본적으로 크게 베샤멜Bechamel, 벨루테Veloute, 데미글라스Demi-glace, 토마토Tomato, 홀렌다이즈Hollandaise로 구분된다. 이것들을 모체소스라 부르며, 이 모체소스들에 부재료의 사용 여부 및 종류, 그리고 조리 방법 등에 따라 다양한 파생소스가 만들어지므로 이 모체소스의 특성들을 잘 알아두고 숙지하면 파생소스류들을 만들기가 쉬워진다.

소스 만들 때 주의사항

- 맛과 향 : 너무 진하지 않아 음식 자체의 맛을 헤치지 않으면서 음식과 조화를 이루면서 독특한 풍미를 만들 수 있어야 한다.
- 농도 : 뭉치거나 퍼지지 않고 자연스럽게 흐르는 정도가 좋다.
- 색 : 시각적 자극을 줄 수 있으면서 재료와 조화롭고 윤기가 나야 한다.

2) 소스의 재료

(1) 스톡

스톡Stock은 뼈, 고기, 채소, 향신료 등을 이용하여 오랜 시간 뭉근하게 우려낸 국물이다. 이것은 소스의 맛에 큰 영향을 미치는 기본재료이므로, 만들고자 하는 소스와 잘 조화되면서 깊은 맛을 낼 수 있는 것을 선택하여 사용해야 한다.

(2) 향신료 다발

부케가르니Bouquet Garni는 파슬리 줄기, 월계수 잎, 정향, 타임, 로즈메리 등과 통후추, 셀러리, 대파 등을 실로 묶거나 고정하여 사용한다. 소스를 만들 때 맛을 더하고 불필요한 냄새를 제거하기 위해 사용하는 것으로 향이 우러나면 제거한다.

(3) 농후제Thickening Agents

농후제는 농도와 질감을 생성시켜주는 성분으로 응집교화시킬 수 있는 특성과 부드러움유화을 생성하는 성분을 가진 재료를 넣어서 소스를 진하게 만들거나 맛, 색, 질감 등을 조절하기 위해 사용한다. 주로 녹말의 젤라틴화 원리를 이용한 농후제 재료는 고유의 독특한 특성은 최소로 하고 농후제로서의 역할은 충분하여 소스의 특성을 최대로 살릴 수 있어야 한다.

① 루Roux

루는 가장 대표적인 소스 농후제로 소스의 농도 조절을 위해 일반적으로 많이 사용된다. 같은 비율의 버터와 밀가루에 열을 가해 볶아서 만든 것이며, 이것은 밀가루에 버터의 지방 성분이 싸여 포화상태가 될 때까지 잘 저어주면서 볶아야 쉽게 풀어지거나 서로 엉기는 것을 방지할 수 있다.

• **화이트 루**White Roux

녹인 버터에 밀가루를 혼합하여 약한 불에서 밝은 색이 유지되도록 볶아서 만드는 것으로, 작은 기포가 올라오면서 윤기가 생성되면 조리를 멈추어야 한다. 화이트 소스류에 사용한다.

• **블론드 루**Blond/Pale Roux

화이트 루보다 약간 색이 나도록 볶아서 만드는 것으로, 약한 불에서 볶다가 마지막에 불을 조금 강하게 하여 캐

러멜화가 시작되기 직전에 조리를 멈춰 은은한 빛깔이 나도록 만들어야 한다. 벨루테 소스와 은은한 색과 향을 필요로 하는 소스에 사용한다.

• 브라운 루Brown Roux

조금 강한 불에서 캐러멜화가 시작되어 색이 나기 시작하면 중불로 불을 조절하여 짙은 갈색이 날 때까지 볶아서 만든 것이다. 브라운 루는 밀가루의 글루텐 성분이 열로 인해 줄어들었기 때문에, 농도 조절을 위해 사용할 때 많은 양이 필요하다. 브라운 소스나 진한 소스류를 만들 때 사용한다.

루 사용 시 주의사항

- 스톡에 루를 풀어줄 때 두 가지 재료 중 한 가지는 따뜻한 정도의 온도로 다른 한 가지는 상온의 온도인 것을 섞어서 풀어주어야 덩어리지지 않고 부드럽게 풀려서 잘 혼합된다. 대부분 루를 상온에 두고 사용한다.
- 루를 혼합할 때 한 번에 넣지 말고 조금씩 넣어주면서 잘 풀어주어야 덩어리지지 않고 원하는 농도로 조절하며 만들 수 있다.
- 연철이나 무쇠 소재의 기물은 거품기Whisk에 의한 마찰 때문에 비릿한 쇠냄새가 발생하거나 화학 변화로 인해 변색이 일어날 수 있으므로 사용을 피한다.
- 바닥이 얇은 팬은 조리 중 눌러 붙거나 타는 상황이 발생해 맛 또는 색의 변화를 초래할 수 있으므로 주의해야 한다.

② 전분Starch

아주 미세한 분말의 형태를 띠는 쌀, 감자, 타피오카, 옥수수, 고구마 전분 등이다. 전분은 응집력과 광택이 훌륭하지만 분리되기 쉬운 성질과 자체 특유의 맛 성분 때문에 그 맛을 첨가하기 위한 목적일 때 이외에 일반적으로 사용해야 하는 소스를 생산할 때 농후제로 사용되는 경우는 없다.

③ 베르마니에Beurre Manie

프랑스어로 치댄 버터라는 의미의 베르마니에는 밀가루와 버터를 같은 비율 또는 1:2

의 비율로 부드러워질 때까지 비비거나 치대어서 섞은 다음 사용하는 것이다. 버터는 소스의 맛, 향, 색, 질감 등을 좋게 해주며, 밀가루는 버터만 사용했을 때보다 소스의 보존 기간을 연장시켜주는 역할을 한다. 만드는 방법이 비교적 쉽고 간단하며 사용이 편리해서 많이 사용되는 농후제이다.

④ 리에종Liaison

밀가루, 루, 베르마니아 등에 달걀노른자와 크림을 사용해서 만든 농후제이다. 리에종은 소스의 농도만을 조절하기 위한 목적으로 사용하는 농후제가 아니며 소스에 보다 좋은 풍미와 영양을 더하고 질감을 좋게 해주면서 색을 조절하기 위해 사용하는데, 혼합 재료에 따라 그 종류가 다양하게 분류된다. 보통 달걀노른자와 크림(우유)을 1:3으로 혼합해서 만들어 사용하는 경우가 많으며, 달걀노른자나 크림을 각각 따로 사용해서 만드는 경우도 있다. 리에종에 사용된 달걀의 노른자 성분은 온도에 민감하므로 사용 시 온도에 주의를 기울여야 한다. 소스가 너무 뜨거운 상태일 때 첨가되면 노른자 성분이 익으면서 덩어리 현상이 발생하므로 소스가 65℃ 미만의 따뜻한 상태일 때 잘 저어가며 섞어주어야 한다. 달걀노른자는 65℃ 이상에서 응고 현상이 시작되며 85℃가 넘으면 덩어리지면서 굳어지므로 달걀노른자가 들어간 리에종은 조리 중인 소스의 온도가 65℃ 미만일 때 잘 풀어주면서 농도를 조절해야 하며 완성된 소스의 온도는 85℃ 미만을 유지해야 한다.

3) 소스의 분류 및 종류

(1) 소스의 분류

<table>
<tr><td rowspan="7">소스
Sauce</td><td rowspan="5">Chaud
(따뜻한소스)</td><td>흰색</td><td>Bechamel</td></tr>
<tr><td>블론드색</td><td>Veloute</td></tr>
<tr><td>갈색</td><td>Demiglace</td></tr>
<tr><td>붉은색</td><td>Tomato</td></tr>
<tr><td>노란색</td><td>Hollandaise</td></tr>
<tr><td colspan="2" rowspan="2">Froid
(차가운소스)</td><td>Mayonnaise</td></tr>
<tr><td>Vinaigrette</td></tr>
</table>

모체소스	파생소스
Bechamel (우유+화이트루)	Mornay(그레어치즈, 크림, 버터) Cream(크림, 레몬) Soubise(양파) Nantua(크림, 버터, 양파, 갑각류)
Veloute (스톡+루)	Bercy(생선스톡, 파, 화이트와인, 버터) Alleamande(송아지스톡, 달걀, 크림, 레몬) Supreme(치킨스톡, 양송이버섯, 크림) Carkinal(생선스톡, 크림, 갑각류)
Demiglace (브라운스톡+브라운루)	Chausseur(토마토, 양송이버섯, 파, 레드와인) Chateaubriand(레드와인, 파, 레몬, 타라곤) Bordelaise(레드와인, 파, 월계수 잎, 타임) Duxelles(토마토, 양송이버섯, 양파, 레드와인)
Tomato (스톡+토마토+퓌레)	Bolonaise(양파, 당근, 셀러리, 다진 고기, 레드와인) Spanish(크리올 소스, 양송이, 올리브) Milanese(토마토, 버섯, 양송이, 버터, 햄) Napolitan(마늘, 올리브, 엔초비, 케이퍼)
Hollandaise (정제버터+달걀노른자)	Bearnaise(파 흰부분, 타라곤, 식초) Mousseline(휘핑한 크림) Maltaise(오렌지즙, 오렌지제스트) Choron(베어네즈소스, 토마토페이스트, 크림)

① 우유소스(베샤멜 소스Bechamel Sauce : 흰색 소스)

우유에 화이트 루와 향신료를 첨가하여 걸쭉하게 만든 것이며, 대표적으로 베샤멜 소스가 여기에 해당된다. 17세기에 프랑스에서 루이스 베샤멜Louis de Bechamel이라는 사람이 진한 빌스톡에 버터를 넣어 만들었던 것에서 유래된 것이고, 화이트소스의 기본이 되며 최초로 모체 소스로 활용되어졌다고 알려져 있다. 크림, 버터, 레몬즙, 양파페이스트 등등의 재료를 약간 첨가해 만들며 육류, 흰살 생선, 채소, 달걀 등의 요리와 크로켓, 그라탱에 주로 사용된다. 베샤멜 소스를 부드러우면서 감촉이 좋게 만들기 위해서는 우유와 화이트 루가 덩어리 없이 완전히 풀어진 상태에서 양파와 향신료 등의 기타 재료를 첨가하고 잘 저어가며 끓여야 한다. 질 좋은 베샤멜 소스는 윤기가 있는 짙은 우윳빛이며 농도는 묽지만 흘러내는 것 없이 다른 재료를 충분히 감쌀 수 있어야 한다.

② **흰색육수 소스(벨루테 소스**Veloute Sauce : 블론드색/미색 소스)

벨루테 소스라고 불리는 흰색육수 소스는 송아지, 닭, 생선 등으로 만든 화이트 스톡에 화이트 루Roux 또는 브론드 루를 첨가하고 끓여서 농도를 낸 것이다. 재료에 따라 비프 벨루테, 치킨 벨루테, 피쉬 벨루테, 베지터블 벨루테 등으로 구분되고, 여기에 다른 재료들을 첨가하여 다양한 파생 소스들을 만들어 낸다. 벨루테 소스의 풍미와 질감 등을 좋게 하기 위해서는 벨루테 소스에 사용되는 스톡을 생산할 때 양질의 신선한 재료를 사용하여 육수의 풍미가 진해지도록 끓여내야 한다. 또 벨루테 소스를 만들 때 사용하는 루Roux를 볶아 내는 과정에서 재료가 타지 않도록 약한 불로 잘 볶으면서 밀가루의 고소한 맛을 낼 수 있도록 만드는 것이 중요하다.

③ **갈색육수 소스(브라운소스**Brown Sauce : 갈색소스)

브라운 소스라고 흔히 말하며 오븐에 갈색이 나도록 구워낸 뼈와 고기, 색이 나도록 볶은 미르포아 그리고 부케가르니를 넣고 뭉근하게 오래 끓여낸 브라운스톡에 브라운 루, 토마토 페이스트, 향신료 등을 넣고 끓여서 만든 것이다. 에스파뇰소스Espagnole Sauce라고도 불리는데 이것을 반으로 졸이면 데미 글라스가 되고, 다시 반으로 또 더 졸여내면 그라스 비앙이 되는데 이것들을 활용하여 다른 재료들을 첨가해서 다양

한 파생 소스들을 만들 수 있다. 장시간 끓여냈기 때문에 맛과 향이 깊고 풍부한 편이므로 주로 육류요리에 사용된다.

양질의 브라운 소스를 만들기 위해서는 우선 재료의 선택이 가장 중요하며, 색이 나도록 만드는 과정에서 탄내가 발생하지 않도록 해야 하고, 모든 제조 과정에서의 불순물 제거는 필수적이다.

브라운 소스를 만드는 때는 적어도 8시간 이상의 시간이 소요되는데, 주방의 규모에 따라 소량을 단시간에 만들어 사용하기도 하지만 오랜 시간을 들여 끓여서 만든 소스의 맛을 내기에는 부족하다.

④ 토마토 소스Tomato Sauce : 붉은색소스

토마토 소스는 완전히 잘 익은 토마토, 토마토 페이스트, 브라운 스톡과 브라운 루, 채소, 허브 등으로 만드는 소스이며 이탈리아 요리에 많이 이용된다.

요즘은 대체로 토마토를 곱게 분쇄해서 퓌레 형태로 만든 다음 그 자체를 원하는 농도가 될 때까지 졸여서 농도를 맞추기 때문에 다른 소스들에 비해 입자가 거친 편이다. 소스가 묽을 때 빨리 농도를 맞추기 위해 루를 첨가하기도 한다.

토마토소스를 맛있게 만들기 위해서는 질 좋은 토마토의 선택이 무엇보다 중요하며 함께 사용되는 채소나 향신료도 조화를 잘 이루도록 선택해야 한다. 떫은맛이나 풋내가 나지 않는 맛있고 깔끔한 소스를 만들기 위해서는 토마토, 토마토 페이스트, 채소류들을 잘 볶은 후 사용해야 한다. 질 좋고 맛있는 완숙 토마토를 사용하는 것이 가장 이상적이지만, 구할 수 없는 때는 토마토 홀 통조림을 사용하기도 하지만 그 맛은 양질의 완숙 토마토를 사용했을 때와는 차이가 있다.

토마토 페이스트

- 잘게 으깨고 체에 걸러서 수분함량을 줄인 걸쭉한 상태의 토마토 퓌레를 수분을 더 증발시켜서 농축시킨 것이다.

⑤ 유지 소스

- **홀렌다이즈 소스**Hollandaise Sauce: 노란색 소스

홀렌다이즈 소스는 유화작용을 이용한 대표적인 소스이다. 유화작용이란, 서로 섞이지 않는 기름이나 물 그리고 기타 재료들에 물리적인 힘을 가함으로써 고루 섞이게 만드는 것이다. 홀렌다이즈 소스는 달걀노른자가 포함하고 있는 '레시틴Lecithin'이라는 자연 유화 성분을 이용하여 재료들을 서로 섞이게 하여 만든 것이다.

향신료, 레몬, 식초, 화이트와인 등을 졸여서 체에 거른 액체와 정제버터 그리고 달걀노른자를 혼합해서 만드는 것이다.

홀렌다이즈 소스를 만들 때는 냄비를 중탕으로 하여 액체와 섞은 달걀노른자를 살짝 굳힌 후 정제버터를 조금씩 넣으면서 저어줘야 한다. 이때 온도가 너무 높으면 달걀노른자가 익어 덩어리가 생기며, 버터를 너무 빨리 넣거나 많은 양을 한꺼번에 넣으면 섞이지 않고 분리되기 때문에 주의해야 한다. 완성된 소스는 황금빛의 밝은 노란색을 띠면서 크림 형태정도의 농도가 유지되어야 한다.

또 홀란데이즈소스는 만든 후 따뜻한 정도의 상태로 보관해야 한다. 이유는 완성된 홀렌다이즈 소스의 온도가 너무 높으면 단백질 성분인 달걀노른자가 굳어지는 현상이 발생할 수 있기 때문이며, 반대로 온도가 너무 낮으면 버터가 굳는 현상이 발생해 소스로 활용할 수 없어지기 때문이다.

홀렌다이즈 소스 만들 때 주의사항

- 홀렌다이즈 소스를 만들 때는 무엇보다 온도가 매우 중요하다. 달걀노른자, 향신료의 혼합물, 정제버터의 온도는 따뜻한 상태를 유지해야 한다. 온도가 너무 높을 경우 알맞은 농도로 만들 수 없을 뿐 아니라 달걀노른자 성분이 익어 덩어리가 생기거나 온도가 낮을 경우 버터가 굳는 현상이 발생할 수 있기 때문이다.
- 정제버터를 사용해야 한다. 정제되지 않은 버터는 수분이 함유되어 있고 불순물이 존재할 수 있으므로 좋은 품질의 소스를 생산할 수 없다.
- 홀렌다이즈 소스를 만들 때는 위생에 각별히 신경을 써야 한다. 이 소스를 만들기 위한 적정온도는 미생물의 발생과 증식에도 매우 적합한 온도이기 때문이다.
- 분리 발생 원인은 다음과 같다. 분리방지를 위해 숙지 후 소스를 생산해야 한다.

  첫째, 달걀이나 정제버터의 온도가 너무 높거나 낮은 경우

  둘째, 달걀과 정제버터의 온도 차이가 많이 나는 경우

  셋째, 정제버터를 첨가할 때 양과 속도조절을 잘못한 경우

  넷째, 거품기(Whisk)로 충분히 섞어주지 못한 경우

– 온도 차이에 의한 분리현상이 발생하게 되면 볼에 미지근한 물 10~15ml정도 넣어주고 거품기로 세게 휘젓다가 분리된 소스를 조금씩 첨가해 잘 섞는다. 버터의 양 조절 실패에 의한 분리현상 발생 시는 물과 달걀노른자를 잘 섞은 것에 분리된 소스를 조금씩 첨가하며 잘 섞어주면 된다. 그러나 처음부터 새로 만드는 것이 시간도 절약되며 재료의 손실 방지도 가능하므로 가장 좋은 선택일 수 있다.

- **비네그레트**Vinaigrette

비네그레트는 우리가 흔히 프렌치드레싱이라고 말하는 소스이며, 식초를 의미하는 프랑스어인 '비네그르Vinaigre'에서 유래된 것이다. 비네그레트는 식초와 오일(1:3)을 기본 주원료로 하며 여기에 소금, 후추, 허브 등을 혼합하여 만든다. 소스의 사용 용도나 목적에 따라 사용하는 식초와 오일의 종류를 선택하여 만든다.

발사믹 비네그레트, 레몬 비네그레트 등으로 명명되어지는 이유는 사용한 식초의 맛이 소스의 맛을 결정짓는 중요한 요소이기 때문이며 사용량이 적음에도 불구하고 식초의 향이 기름의 향보다 강하기 때문이기도 하다.

• 마요네즈Mayonnaise

마요네즈는 달걀노른자, 오일, 식초를 배합하여 거품기로 잘 혼합하여 걸쭉한 정도의 농도로 만들며 달걀노른자 때문에 안정된 유화상태를 유지하므로 형태가 잘 파괴되지 않는다.

마요네즈를 이용하여 다른 여러 가지 소스를 만들어 활용할 수 있으므로 마요네즈를 만들 때는 강한 향과 맛이 없는 오일과 식초를 사용해야 한다.

마요네즈를 직접 만들어 사용하면 맛은 좋으나 쉽게 산패될 수 있고 일정한 맛이 유지되도록 만들기 쉽지 않다는 단점이 있다.

마요네즈 만들 때 분리되는 원인

- 첫째, 달걀이 오래된 것일 때
- 둘째, 볼이나 거품기 등의 도구에 수분이 있을 때
- 셋째, 재료의 온도가 너무 차갑거나 따뜻할 때 또는 재료 간 온도의 편차가 클 때
- 넷째, 오일이나 식초를 한꺼번에 너무 많이 넣었을 때
- 다섯째, 유화 속도보다 빠르게 오일을 첨가했을 때

4) 소스를 용도에 알맞게 제공하는 방법

① 소스는 음식의 맛을 상승시킬 수 있는 것을 선택한다.

② 소스의 향이나 맛이 강해 음식 본래의 풍미를 변화시키면 안 된다.

③ 음식에 색을 더해 시각적 자극 용도로 사용하는 소스는 색이 변하면 안 된다.

④ 튀긴 음식에는 제공 직전에 소스를 곁들여주어 음식의 바삭함을 유지할 수 있도록 해야 한다.

⑤ 메인음식의 주재료 맛을 방해하지 않을 정도의 양만 곁들여야 한다.

⑥ 음식의 풍미나 개성과 조화를 이룰 수 있는 소스를 선택해서 사용해야 한다.

11. 수프

1) 수프의 개요

수프는 육류, 생선류, 뼈, 채소류, 허브 및 향신료 등을 단독으로 또는 여러 가지를 혼합하여 오랜 시간 끓여 추출해 낸 스톡을 기본으로 사용하여 여러 가지 방법으로 만들어내는 요리이다. 수프는 대체로 메인요리 전에 식욕 촉진 또는 위의 부담을 덜기 위한 목적으로 섭취했으나, 한때 프랑스의 일부 지역에서는 메인요리 중간에 제공되기도 했었는데, 이것을 프랑스 요리의 아버지로 불리는 에스코피에A. Escoffier가 메인요리를 먹기 전에 먹도록 규정하였다.

수프는 스톡인 맑은 국물이 주가 되는 것과 다른 재료를 추가하여 걸쭉하게 만드는 것, 영양적 가치가 충분하여 간단한 한 끼 식사대용이 가능한 건너기가 주가 되도록 졸여 만든 것 등등이 있는데, 제공 목적이나 메인요리에 따라 잘 어울리는 것을 선택한다. 일반적으로 농도가 맑은 깔끔한 맛의 수프류는 육류요리에 잘 어울리고 농도가 걸쭉하고 진한 수프류는 생선요리에 잘 어울린다. 수프는 다양한 재료를 넣고 만들기 때문에 사용하는 재료나 조리방법 또는 제공목적, 제공될 때의 온도 등에 따라 여러 종류로 분류된다.

- **포타주**Potage : 수프와 동의어처럼 사용되기도 하지만, 농도가 걸쭉하고 진한 수프류를 지칭한다.
- **콩소메**Consomme : 전분류가 사용되지 않은 맑은 국물이 주가 되는 농도가 맑고 깔끔한 맛의 수프류를 지칭한다.

2) 수프의 구성요소

(1) 스톡Stock

스톡은 수프의 맛을 결정하는 중요한 요소이다. 육류, 생선, 채소류, 허브 및 향신료 등을 조합하여 우려내 맛을 낸 국물로 재료의 특성을 살릴 수 있는 맛을 충분히 낼 수 있도록 만들어야 한다.

• **미르포아**Mirepoix : 스톡에 향과 맛을 더하기 위해 참가하는 것으로 양파Onion, 당근Carrots, 셀러리Celery, 대파 흰 부분, 파스닙 등을 필요에 따라 비율을 달리하여 사용한다.

(2) 허브 및 향신료

음식을 만들 때 사용하는 허브나 향신료들은 인체에 도움이 되고 향기가 있는 식물들을 말한다. 이 식물들의 잎이나 줄기 등을 음식을 만들 때 적절한 방법으로 적당한 양을 첨가하면 식욕 촉진, 풍미 상승, 불필요한 냄새나 맛 제거, 방부 및 산화방지 등의 작용을 한다.

• **허브** : Fresh, Dry-whole
• **향신료** : Fresh, Dry-groundSpice
• **부케가르니**Bouquet Garni : 프랑스어로 '향초다발'이란 뜻이며, 요리에 사용되는 향신료들을 묶어서 사용한다고 해서 붙여진 이름이다. 셀러리, 파슬리 줄기, 정향, 타임, 월계수잎, 로즈마리, 통후추 등을 소창에 싸거나 조리용 끈으로 묶어서 스톡을 만들 때 사용한다.
• **양파 피궤**Onion Pique : 양파에 칼집을 만들고 정향과 월계수 잎을 칼집 낸 곳에 꽂아서 고정시킨 것이다. 소스나 수프를 만들 때 사용한다.

(3) 농후제Thickening Agents

농후제는 수프의 농도를 조절하기 위한 목적으로 사용하는 것으로 전분을 함유한 다양한 곡물가루를 비롯하여 버터, 달걀노른자, 크림 등 그 종류가 매우 다양하다. 수프를 만들 때 가장 많이 사용되는 농후제는 밀가루를 사용해서 색이 나지 않도록 볶아 만든 화이트 루White Roux이다.

(4) 곁들임Garnish

수프와 조화를 잘 이루는 재료를 첨가하여 수프의 맛을 한층 더 좋게 만들어 줄뿐 아니라 시각적인 효과까지 주는 것이 곁들임이다. 수프에 사용할 스톡을 만들 때 사용한 육류, 생선류, 채소류, 허브류, 토마토 등을 사용하는데, 적당한 양을 필요한 모양과 크기로 만들어 수프 안에 곁들인다. 그 외에 크루통, 덤블링, 그리시니, 바게트, 브레드 스틱, 파스타, 치즈 볼이나 치즈분말 등을 곁들이기도 한다.

3) 수프 만들 때 숙지할 사항

① 수프의 맛을 결정하는 요소는 스톡이다. 이 스톡을 만들 때 좋은 재료를 선별하여 만들어야 한다.

② 육류, 생선, 뼈 등의 기본재료에 함유되어 있는 피를 완전히 제거하고 사용해야 색이 탁하지 않고 맛도 좋다.

③ 채소는 양파, 셀러리, 대파 흰 부분, 파스닙, 파슬리 등 향기가 있고 풍미가 좋은 것을 사용한다. 색이 탁해질 수 있으므로 진한 색상의 채소류는 사용하지 않는다.

④ 긴 시간 끓이므로 채소는 되도록 크게 썰어 뭉그러지지 않게 함으로써 혼탁해지는 것을 방지해야 한다.

⑤ 찬물을 사용해 끓이기 시작하며 끓기 시작하면 약한 불에서 천천히 완전히 우러나도록 오래 끓여내야 한다. 끓이는 동안 발생하는 거품과 기름은 계속 제거해 주어야 혼탁도를 줄일 수 있다.

⑥ 사용한 재료 자체의 색과 질감이 잘 표출되도록 해야 한다.

⑦ 농도를 맞추기 위해 첨가하는 밀가루는 완전히 익을 때까지 볶은 것을 사용해야 완성 후 밀가루 냄새가 나지 않는다.

⑧ 채소를 볶아서 사용할 경우에는 완전히 볶아 풋내를 제거해야 한다.

4) 수프의 종류

(1) 맑은 수프Clear Soup / 콩소메Consomme

맑고 투명하면서 깔끔한 색을 지녔으며 농축시키지 않은 국물 안에 맛이 충분히 스며들어 있다.

(2) 걸쭉한 수프Thick Soup / 포타주 리에Potage Lie

루Roux, 크림Cream, 퓌레Puree 등을 적당량 첨가하거나 농축시켜 농도를 만든 약간 걸쭉한 제형의 수프로 맑은 수프에 비해 맛이 진하고 부드러운 감촉을 느낄 수 있다. 우리나라에서 가장 대중적으로 알려져 있고 다양하게 활용된다.

(3) 어니언 수프Onion Soup

소량의 스톡과 와인 등을 사용하여 갈색이 되면서 단맛이 형성될 때까지 볶은 양파에 진한 맛이 나는 비프스톡을 첨가한 수프로 그뤼에르Gruyere 치즈와 토스트한 바게트를 곁들여 내는 프랑스 전통 수프이다.

어니언 브륄레Onion Brule 만들기

① 양파를 0.5cm 두께로 두툼하게 자르는데 꼭지가 붙어 있는 부분으로 자른다.
② 팬의 온도를 높여 자른 양파를 진한 갈색이 날 때까지 색을 낸다.
③ 진한 갈색을 필요로 하는 스톡이나 콩소메 수프에 주로 사용한다.

어니언 페이스트Onion Paste 만들기

① 양파를 얇게 슬라이스로 썰어 소스팬에 버터와 다진 마늘을 넣고 색이 나지 않도록 볶는다.
② 슬라이스한 양파를 모두 넣고 볶는다.
③ 양파가 색이 나기 시작하면 레드와인을 조금씩 첨가하면서 계속 볶는다.
④ 양파색이 브라운에서 짙은 갈색이 나도록 볶는데 냄비바닥을 계속해서 저어주어야 한다.
⑤ 진한 갈색이 나면서 뭉쳐지도록 페이스트 되도록 만든다.

(4) 비스크 수프Bisque Soup

오븐에 구운 바닷가재나 게, 새우 등의 갑각류의 껍질과 채소류와 토마토 페이스를 함께 끓여 맛이 우러나도록 한 다음, 고운 채에 걸러내고 크림이나 버터 등을 첨가하여 맛을 낸 부드러운 질감의 프랑스 전통 수프의 일종이다.

(5) 부야베스Bouillabaisse

생선스톡에 다양한 종류의 작은 생선류, 바닷가재 또는 조개류 등의 해산물과 채소, 올리브유, 향신료를 넣고 끓여낸 것으로 프랑스 남부지방의 수프로 알려져 있다.

(6) 굴라시 수프Goulash Soup

소고기, 토마토 페이스트, 향신료, 파프리카를 사용하여 진하고 매콤한 맛이 나는 헝가리식 수프로 스튜Stew의 형태에 가깝다.

(7) 미네스트로네Minestrone

여러 종류의 채소를 넣고 끓여낸 수프로 베이컨, 콩, 모양 있는 작은 파스타, 리소토용 쌀 등을 추가하기도 하는 이탈리아의 수프이며 간단한 한 끼 식사대용으로도 이용한다.

(8) 크램차우더Clam Chowder

감자, 베이컨, 양파 등의 재료를 볶은 것에 대합조개로 만든 육수를 넣고 끓여낸 수프로 우유를 첨가하기도 하며, 원하는 여러 종류의 다른 재료들을 추가하여 만들기도 하는 미국의 걸쭉한 수프이다.

(9) 옥스테일 수프Ox-tail Soup

소꼬리, 베이컨, 토마토퓌레 등을 넣고 끓여낸 진한 국물의 영국 수프이다.

(10) 보르스치 수프Borscht Soup

스톡에 소고기, 감자, 당근, 양파, 양배추 등의 다양한 채소와 향신료를 넣고 비트와 토마토퓌레를 사용하여 붉게 색이 나도록 끓여 생크림으로 장식하여 내는 러시아의 전통수프이다.

(11) 가스파초Gazpacho

토마토, 오이, 양파, 피망 등의 다양한 채소를 얼음과 함께 믹서에 갈아 체에 걸러내고 빵가루, 마늘, 올리브오일, 식초 또는 레몬주스를 첨가하여 걸쭉하게 만든 스페인의 차가운 수프이다.

(12) 비시스와즈Vichyssoise, 차가운 감자수프

삶은 후 체에 내려 퓌레로 만든 감자와 잘게 썰어서 볶아낸 대파 흰 부분Leek을 물이나 치킨스톡에 넣고 끓인 다음 크림, 소금, 후추 등을 첨가한 후 식혀낸 미국의 차가운 수프이다.

5) 수프 담아 낼 때 고려사항

① 담아내는 접시의 온도가 제공하고자 하는 수프의 온도와 맞는지 확인한다.

② 사용한 주재료들과 곁들임 재료들의 맛, 질감, 향, 색을 충분히 느낄 수 있도록 알맞은 용기에 적정량을 깨끗하게 담아내야 한다.

③ 먹기 편하고 보기 좋으면서 균형감 있게 담아내야 한다.

12. 전채

1) 전채요리의 개요

전채요리는 서양식 코스요리에서 가장 먼저 제공되는 한 입 정도의 음식들을 말한다. 한 입에 먹을 수 있도록 아주 적은 양을 제공하는 것이며 여기에는 음료까지 포함한다. 본 식사 전에 가장 먼저 제공되는 것으로 보아 그 목적과 역할은 식욕을 촉진시키는 것이므로, 입맛을 자극하면서도 시각적으로 아름다움과 신선함을 주어야 하고 다음에 나올 요리와 재료 또는 조리법 등이 중복되지 않으면서 잘 어울려야한다.

전채요리의 기원에 대하여는 확실하지는 않고 조금씩 차이가 있지만 러시아에서 연회를 하기 전에 별실에서 연회를 기다리고 있던 참석자들에게 독한 주류와 함께 간단한 음식을 제공한 것에서 유래되었다고 하기도 하며, 또 13세기경 이탈리아의 상인이자 탐험가였던 마르코폴로Marco Polo가 중국 원나라에서 들여온 면요리 및 냉채요리들이 이탈리아의 번성기에 프랑스에 전해지면서 발전된 것이라고도 한다.

정식 메뉴의 코스에서 전채요리는 온도에 따라 찬 음식Cold Appetizer/Hors D'Oeuvre Froid과 따뜻한 음식Hot Appetizer/Hors D'Oeuvre Chaud으로 분류되며, 또 형태에 따라 플레인Plain과 드레스드Dressed로 나뉜다. 플레인Plain은 형태, 맛 등이 거의 그대로 유지되는 마리네이드 또는 훈제한 해산물, 캐비어, 채소, 과일 등을 사용하는 것을 말하고, 드레스드Dressed는 조리사가 조리를 한 것들로 원래의 맛은 유지하지만 형태가 바뀐 테린Terrine, 파이, 카나페 등을 사용하는 것을 말한다.

2) 나라별 전채요리 명칭

영어	애피타이저Appetizer
프랑스	오르되브르Hors D'Oeuvre / 앙트레Entree
그리스	메제Mezzes
북유럽	스모가스보드Smorgasbord
북유럽	자쿠스키Zakuski
이탈리아	안티파스토Antipasto
중국	첸차이前菜 / 리앵반冷盒
스페인	타파스Tapas

3) 전채요리의 특징

① 식사 중 가장 먼저 제공되는 요리인 만큼 시각, 후각, 미각을 자극시킬 수 있을 만큼 아름답고 예술적이어야 한다.

② 한 입에 먹을 수 있도록 소량으로 제공되며, 각각의 음식 특징과 잘 어울리는 제철 식재료를 사용하여 계절감각을 느낄 수 있어야 한다.

③ 주요리에 사용되는 재료와의 반복을 피하고 영양적으로 균형이 잡히도록 구성되어야 한다.

④ 소화증진을 위해 타액의 분비를 촉진시킬 정도의 자극적인 맛(신맛과 짠맛)이 나야 한다.

⑤ 한입에 간편하게 먹을 수 있게 음식이 간결하면서 크기가 너무 크지 않아야 한다.

⑥ 찬 음식은 차갑게 따뜻한 음식은 따뜻하게 제공되어야 하며, 같은 식재료를 중복 사용하지 않아야 한다.

⑦ 식재료의 조화가 이루어지도록 주요리와 균형이 있으면서도 부재료와의 색채적인 감각과 음식의 호기심을 자극하기에 충분해야 한다.

⑧ 음식이 전체적으로 모양이 좋고 맛있으면서 조화를 이루어야 한다.

⑨ 고급 소재의 아름다운 그릇에 잘 어울리는 모양으로 만들어 기물과 조화를 이루도록 담아야 한다.

4) 전채요리의 종류 및 특성

(1) 아페리티프Aperitif

식전 술로 셰리, 와인, 보드카, 마데리아, 베르무트 등이 있으며, 한 입 크기의 치즈나 올리브 등을 함께 제공한다.

(2) 오르되브르Hors D'Oeuvres

사전적 의미를 보면 Hors D'Oeuvre의 Hors는 '~의 앞' 또는 '~의 밖'을, Oeuvre는 '작업' 또는 '식사'를 의미한다. 그러므로 '식사 전' 또는 '식사 이외의 것'을 말하는 것이며, 식사 전에 제공되는 아주 적은 양의 모든 음식들을 의미하는 것이다.

(3) 칵테일Cocktail

모임 또는 행사를 위한 스탠딩 형식의 파티에서 주류와 함께 제공되었던 한 입 크기의 음식에서 유래된 것이다. 새우, 랍스타, 굴, 가리비 등의 해산물류나 과일류를 사용해서 만들며 소스와 함께 차갑게 제공한다.

(4) 렐리시Relish

식사 전 또는 식사 시에 먹는 익히지 않은 각종 채소류들을 보편적으로 렐리시라고 부른다. 렐리시라는 단어의 의미를 보면 '~을 즐기다', '음미하다', '풍미'를 뜻하며 음식을 즐기기 위한 것이라는 의미를 내포하고 있다. 유리 재질의 볼 형태의 용기에 얼음을 채우고 제공하거나 글라스에 꽃꽂이하듯 꽂아서 소스Dip와 함께 제공한다.

(5) 카나페Canape

작게 모양내어 자른 빵 또는 크래커나 비스킷, 타르트 위에 연어 알, 캐비아, 앤초비, 치즈, 살라미, 달걀, 채소, 과일 등을 보기 좋게 올려서 만든 음식이다. 위에 올린 재료들에 따라 이름이 각각 붙여지며 사용하는 재료들이 시각적으로 입맛을 돋아야하며 아름다운 색의 재료를 사용하여 보기 좋게 만들어야 한다.

(6) 메제Mezze

아뮈즈부슈Amuse-bouche, 미장 부슈Mise en Bouche라고도 하며, 한 입 크기의 전채요리 모둠을 말한다. 생선알을 올리브유와 레몬 등에 절여 만든 타라마Tarama를 사용한 작은 음식, 슬라이스 한 채소에 소를 넣어 돌돌 말아서 쪄낸 돌마Dolma, 페타치즈 등을 넣은 소를 채워 튀겨낸 뵈렉Beurreck 등 다양한 종류의 그리스나 터키 지역의 음식들을 말한다.

(7) 타파스Tapas

스페인에서 주 요리 전에 술과 곁들여 먹는 소량의 음식을 뜻하는 말이다. 타파스의 타파tapa는 '덮다'라는 의미를 지닌 타파르tapar에서 왔으며, 안달루시아 지역에서 술잔에 먼지나 곤충이 들어가는 것을 막기 위한 목적으로 소시지나 튀김, 빵류 등을 잔 위에 얹은 것에서 유래된 명칭이다. 매우 다양한 식재료를 사용하여 만들 수 있으며 풍성하게 만들어진 요즘의 타파스는 한 끼 식사를 대신하기도 한다.

13. 샌드위치

1) 샌드위치의 개요

샌드위치는 얇게 슬라이스한 빵류 또는 곡물가루를 사용해서 넓게 만든 반죽을 익혀 낸 것에 육류, 달걀, 치즈, 과일, 채소, 소스 등의 다양한 재료를 추가하여 만든 음식을 말하며 간단하게 한 끼 식사를 대신하거나 파티 및 행사, 뷔페 등에 이용한다.

기원전 1세기경 유대교에서 유월절 기간동안 누룩을 넣지 않고 물과 곡물가루로만 반죽하여 만든 무교병에 양고기와 쌉쌀한 맛을 가진 허브류 등을 넣어 먹었다는 기록이 있는데, 이것이 샌드위치의 시초로 보이며, 샌드위치와 유사한 형태의 이 음식을 고대 로마인들은 유대교의 현자 힐렐의 간식이라는 의미로 '씨부스 힐레리Cibus Hilleli' 라고 불렀고, 이와 비슷한 형태의 음식을 다양한 재료들을 사용해 만들어 먹었다. 현재에도 여러 나라들에서 이와 유사한 방식으로 만든 음식을 다양한 재료를 사용하여 여러 가지 방법으로 만들어 각기 다른 이름으로 부르며 즐겨 먹고 있다.

2) 샌드위치의 유래

지금의 샌드위치라는 명칭은 18세기 영국 명문가 귀족 샌드위치 백작 4세인 존 몬테규John Montagu The Earl of Sandwich, 1718~1792의 이름에서 유래된 것이다. 샌드위치 백작 존 몬테규가 간소한 화합의 장을 마련했을 때 참석한 손님들이 간단하게 요기할 수 있도록 육류와 채소류를 빵에 넣어 대접하였던 것이 다양하게 발전하게 되었다는 이야기와 그가 카드게임을 너무 좋아해서 먹는 시간까지 아끼려는 고민을 하던 중 중동 지역과 근동 지역 여행을 하다가 이 형태의 음식을 발견하였고, 집에 돌아와서 주변 인들과 게임을 즐길 때 만들어서 함께 먹으면서 알려지기 시작한 것을 계기로 발전했다는 이야기가 있다.

3) 샌드위치 구성요소

(1) 빵Bread

샌드위치에서 빵은 매우 중요한 역할을 하는 기본 구성요소이다. 만들고자 하는 샌드위치의 종류에 따라 빵의 종류, 모양, 크기, 사용량 등이 달라진다. 샌드위치에 사용되는 빵은 단맛을 가지지 않아야 하며, 조직이 치밀해 부스러짐이 적은 것이 좋다. 폴먼 식빵을 기본으로 바게트, 베이글, 포카치아, 치아바타, 크로와상, 토르티야, 호밀빵, 소프트롤, 잉글리시머핀 등 매우 다양한 종류의 빵이 사용된다.

(2) 속재료Filling

샌드위치에서 속재료는 샌드위치의 맛을 결정짓는 핵심 역할을 하는 주재료로 육류, 육류 가공품, 달걀, 해산물, 채소, 치즈, 과일, 견과류 등을 조화롭게 어우러지도록 사용한다. 만들고자 하는 샌드위치의 종류에 따라 속 재료의 조합과 조리방법 등을 결정하며 온도까지 고려해야 한다.

(3) 스프레드Spread

샌드위치를 만들 때 빵에 바르는 스프레드는 기름성분이 있는 버터나 마요네즈를 기본으로 사용하며 이를 활용해 만든 다양한 소스를 사용할 수 있다. 스프레드는 다른 재료에 의해 수분이 빵에 스며들어 눅눅해지는 것을 방지하는 역할을 한다. 또 샌드위치를 구성하는 빵과 속재료의 종류에 따라 어울리는 적합한 맛과 향을 지닌 것을 사용하여 맛과 식감이 더욱 좋아지도록 하면서 식재료들의 결착을 도와준다. 잼, 크림치즈, 토마토케첩, 프렌치 머스터드, 땅콩버터, 각종 페이스트나 딥 등을 사용하기도 한다.

(4) 곁들임Garnish

샌드위치의 맛과 멋을 향상시키기 위해 곁들여지는 것으로 빵과 속재료의 맛을 한층 좋게 느낄 수 있도록 하는 식재료를 추가하여 샌드위치의 완성도를 높인다. 식욕을 돋우는 신맛이 나는 피클이나 올리브 등의 절임류와 쌉쌀한 맛과 더불어 시각적 효과까지 줄 수 있는 허브나 새싹 등의 특수채소 등이 사용된다.

3) 샌드위치의 종류

샌드위치는 여러 나라에서 그 나라의 상황에 맞게 변형과 발전을 거듭했으며 현재도 다양한 크기와 모양 그리고 만드는 방법과 온도 차이에 따른 수많은 종류의 샌드위치가 계속해서 개발되고 있다.

(1) 레귤러 샌드위치, 클로즈 샌드위치Regular Sandwich / Closed Sandwich

두 장의 빵 사이에 원하는 다양한 재료를 넣어서 만든 것으로 우리가 흔히 말하는 샌드위치이다. 식사대용으로 많이 섭취하므로 여러 가지 다양한 식재료를 사용하여 맛뿐 아니라 영양가 면에서도 충분한 가치가 있도록 만들어야 한다.

(2) 그릴드 샌드위치Grilled Sandwich

빵 사이에 재료를 넣고 프라이팬, 샌드위치용 양면 그릴, 오븐 등을 이용해 빵의 겉표면이 갈색이 되도록 구운 샌드위치이며, 치아바타 빵에 다양한 속재료와 치즈를 넣고 구워낸 치아바타 샌드위치가 주변에서 흔하게 볼 수 있는 그릴드 샌드위치이다.

(3) 오픈 샌드위치Open Sandwich

얇게 자른 한 쪽의 바게트 또는 호밀빵 위에 다양한 식재료를 조화롭게 올려 만드는 것으로 위에 다른 빵으로 덮지 않아 내용물을 볼 수 있다.

- Reception Sandwich : 칵테일파티, 리셉션, 뷔페 등에서 제공되는 크기가 작은 편인 오픈 샌드위치
- Bruschetta브루스케타 : 일반 오픈 샌드위치와 카나페의 중간 정도 크기로 만든 오픈 샌드위치

(4) 핑거 샌드위치Finger Sandwich

보통 샌드위치에 사용하는 빵보다 얇게 또는 작게 자른 빵을 사용해서 만들거나 만든 후 한 손으로 집어 들기 쉽도록 작게 자른 것으로 5~8cm정도 크기가 적당하며 더 크게 만들지 않도록 주의한다.

(5) 스터프드 샌드위치, 터널 샌드위치Stuffed Sandwich/Tunnel Sandwich

바게트빵 또는 길이가 긴 빵의 속을 파내어 터널처럼 만들고 다양한 재료를 이용해 속을 파낸 빈 공간을 채워 넣어 만든 것으로 제공할 때 적당한 크기로 잘라낸다.

(6) 아코디언 샌드위치Accordion Sandwich

길이가 긴 빵에 일정한 간격으로 칼집을 깊이 내서 그 사이사이에 여러 가지 식재료를 끼워 넣어 만든 것으로 재료가 들어가야 하는 부분보다 등분으로 잘려야 하는 부분에 칼집을 더 깊이 넣어준다.

(7) 롤 샌드위치Roll Sandwich

길고 넓게 자른 빵을 딱딱한 테두리 부위를 제거한 후 둥글게 잘 말리도록 살짝 눌러준 다음 빵 가운데에 치즈와 햄, 채소 등을 넣고 둥글게 말아 만든 것으로 랩이나 종이호일로 싸서 냉장고에 1~2시간 두었다가 모양이 잡히면 썰어야 한다.

(8) 클럽 샌드위치Club Sandwich / B.L.T Sandwich

세 장의 빵 사이에 채소, 육류, 치즈, 토마토 등의 다양한 재료들을 켜켜이 쌓아 만든 것으로 삼각형 모양이 되도록 대각선으로 두 번 자르고 각각의 조각에 나무 꼬챙이를 꽂아 고정시켜 준다.

(9) 랩 샌드위치, 브리토Wraps Sandwich / Burrito

곡물가루를 이용하여 납작하게 만든 반죽을 익혀낸 것 또는 납작한 종류의 빵을 이용하여 다양한 속 재료들을 넣고 말아서 만든 것이다.

14. 샐러드

1) 샐러드의 개요

샐러드라는 말은 '소금Sal을 뿌린 향초Herb'를 의미하는 라틴어 'Herba Salate'에서 유래된 것으로써, 라틴어 Sal소금에서 파생되어 → 이태리어의 Salat소금을 했다 → 프랑스어의 Salade → 현재의 영어 Salad가 된 것이다.

어원을 통해 샐러드의 시초가 신선한 생 채소나 허브 등에 소금으로 간을 해서 먹었던 것임을 알 수 있다.

샐러드는 아주 오래전부터 육류요리를 먹을 때 소화를 돕기 위한 목적으로 또는 비타민이나 미네랄 등의 영양소 보충을 위해 섭취했다. 건강에 대한 관심이 높아진 근래에는 영양소 보충 뿐 아니라 식이조절을 통한 성인병 예방과 미적기준 충족 등을 위해 다양한 채소의 섭취 비중을 늘리기 위한 목적으로 샐러드의 섭취가 증가하고 있는 추세이다. 이로 인해 샐러드에 대한 관심이 점점 커지면서 그 형태가 더 다양해졌으며 계속해서 발전을 거듭하고 있다.

2) 샐러드의 정의

샐러드란 정식 코스요리에서 메인요리 전에 채소나 과일류에 소스를 곁들여 소량 제공하는 음식을 의미한다.

요즘은 신선한 채소를 기본으로 다양한 식재료들을 조합하여 소스드레싱와 함께 내는 음식까지 모두 샐러드라고 말한다. 샐러드는 음식의 소화 흡수를 노와주고 우리 몸에 필요한 영양분을 골고루 섭취할 수 있도록 함으로써 건강을 유지하는데 도움을 주는 역할을 한다. 불과 얼마 전까지만 해도 샐러드하면 신선한 채소를 이용해 간단히 만든 것 정도로 생각했었으나, 근래에는 육류, 해산물, 파스타, 라이스, 치즈 등 다양한 재료를 활용한 조리법들이 생겨나면서 점점 발전하고 있다.

3) 샐러드를 만들 때 주의사항

① 항상 신선한 상태의 좋은 재료를 사용해야 한다.

② 다양한 제철 식재료를 활용하고 재료의 중복은 피해야 하며, 영양성분이 골고루 포함되도록 구성해야 한다.

③ 생으로 먹는 재료들은 반드시 깨끗한 물에 잘 씻어야 한다.

④ 세척 후 물기를 제거해야 시들지 않고 바삭한 식감을 느끼게 할 수 있다.

⑤ 가열하거나 조리해서 사용하는 재료는 완전히 식은 후에 사용해야 한다.

⑥ 소스는 잎채소에 묻혀 먹어 보고 간을 맞추는 것이 이상적이다.

⑦ 소스로 버무려 제공할 경우에는 식탁에 내기 바로 전에 버무려야, 물기도 안 생기고 채소가 흐물거리거나 뭉개지지 않는다.

⑧ 모양은 복잡하지 않고 단순하지만 예술성과 균형감이 있으면서 깔끔하게 만들어야 한다.

4) 샐러드Salad의 기본 구성요소

(1) 바탕(Base)

본체와 시각적으로 색 대비를 이루게 하기 위한 목적으로 사용되며 양상추, 잎상추, 로메인 등의 신선한 잎채소류를 바닥에 깔아 그릇을 채우는 역할을 한다.

(2) 본체Body

샐러드를 구성하는 중심 재료이다. 다양한 식재료를 활용한다.

(3) 드레싱Dressing

다른 재료와 중복되지 않는 재료를 활용하여 만들며 샐러드에 끼얹거나 곁들여 제공하는 것으로 샐러드의 맛과 질감을 한층 좋게 느낄 수 있도록 해주고 시각적 효과를 줄뿐만 아니라 소화흡수를 증진시키는 역할을 한다.

(4) 가니쉬Garnish

완성된 샐러드가 시각적으로 아름다우면서 맛있어 보이도록 하기 위해 위에 올려 꾸미는 장식이다. 가니쉬는 식욕을 자극하면서 맛을 상승시켜야 하지만 눈에 너무 띄지 않고 잘 어우러져야 하며 크기 또한 신경 써야 한다.

드레싱Dressing

- 샐러드에 사용되는 다양한 종류의 차가운 소스들을 드레싱이라고 한다.
- 흐르는 정도의 액상형태인 부드러운 소스이다.
- 재료들을 가열하지 않고 섞어서 만든 소스이다.
- 비네그레트 소스(오일, 식초), 마요네즈소스(달걀노른자, 오일, 식초)로 분류되며, 여기에 추가되는 향신료나 기타 재료에 따라 그 종류가 매우 다양하다.

5) 샐러드의 분류

샐러드는 사용하는 재료와 만드는 형태 등에 따라 수많은 종류가 있으며, 크게 순수 샐러드와 혼합 샐러드 2가지로 분류할 수 있다.

(1) 순수 샐러드Simple Salad

고전적인 순수 샐러드로 신선한 한 가지 그린 잎채소를 사용해 만들어진 것을 말한다. 주로 양상추를 많이 사용했고 여기에 소량의 파슬리, 처빌, 타라곤 등의 향신채소를 잘게 다져 얹은 다음 Vinaigrette를 곁들였다. 근래에는 순수 샐러드도 단순하게 한 종류를 사용하기보다는, 다양한 여러 가지 채소들을 적절히 배합하여 영양, 맛, 색 등이 조화를 이루도록 변화하고 발전하였으며 여기에 어울리는 각종 드레싱이 곁들여지고 있다.

(2) 혼합 샐러드Compound Salad

채소류뿐 아니라 여러 가지 다양한 식재료를 이용하여 더 이상 다른 무언가를 첨가하지 않고 그대로 제공할 수 있는 완전한 상태로 만들어진 것을 말한다. 혼합 샐러드에는 일반적으로 샐러드 오일과 식초를 이용한 드레싱을 많이 사용하지만, 사용된 식재료에 따라 마요네즈 및 각종 다양한 드레싱들을 사용하기도 한다. 사용하는 여러 재료들을 한꺼번에 섞지 말고 접시에 보기 좋게 차례로 담은 후 드레싱을 곁들이도록 한다. 근래에는 건강식의 일품요리로 활용되고 있다.

6. 샐러드Salad의 종류

샐러드는 사용하는 재료에 따라 종류가 바뀌기 때문에 명확히 분류하기는 어려우나 사용재료와 만드는 형식 등에 따라 구분된다.

(1) 단순 샐러드Simple Salad

단순 샐러드Simple Salad는 한 가지의 주재료로 만든 것으로 생것 또는 익힌 것을 모두 포함한다. 한 가지 채소에 약간의 다진 허브나 소량의 양념만을 사용해서 간을 맞춘 것 또는 익힌 감자를 식힌 후 간을 한 것 등이 있다. 그린 색 채소로 만든 Green Salad, 식용 가능한 종류의 잎으로 구성된 Leaf Salad, 오이열매를 이용한 Cucumber Salad, 상추로 만든 Lettuce Salad 등과 고구마 샐러드, 호박 샐러드 등 많은 종류가 있다.

(2) 복합 샐러드Compound Salad

복합 샐러드Compound Salad는 채소뿐 아니라 여러 가지 식재료들을 혼합하여 만든 샐러드로 사용할 채소와 식재료들을 필요한 크기로 손질하거나 간단히 조리한 것에 어울리는 드레싱을 곁들여 완성하는 샐러드이다. 채소와 함께 닭고기를 혼합한 치킨 샐러드Chicken Salad, 채소와 함께 과일이 혼합된 과일 샐러드Fruit Salad, 채소와 함께 해산물이 혼합된 해산물 샐러드Sea Food Salad, 채소와 네모로 구운 크루통, 파르메산 치즈를 혼합한 시저 샐러드Caesar Salad 등 매우 다양한 종류가 있다.

(3) 과일 샐러드Fruit Salad

한 가지의 과일을 드레싱에 묻히거나 또는 다양한 종류의 과일을 혼합하여 드레싱에 묻혀내는 샐러드이다. 많은 양의 혼합 과일 샐러드를 만들어야 할 경우에는 본래의 상태를 오래 유지할 수 있는 과일류를 먼저 준비하고, 베리류처럼 쉽게 무르거나 변질되기 쉬운 과일은 버무리기 직전에 섞어주거나 샐러드를 1인분씩 그릇에 담은 후 가니쉬로 얹어주어야 한다. 이때 민트나 바질, 백리향과 같은 신선한 허브도 함께 가니쉬로 사용할 수 있다.

(4) 그린 샐러드Green Salad

그린 샐러드는 한 가지 또는 그 이상의 녹색 채소를 드레싱과 곁들이는 형태로 만든다. 그린 샐러드는 사용되는 녹색 채소의 종류에 따라 그 명칭이 결정되며 종종 소량의 기타 다양한 식재료를 가니쉬로 사용하기도 한다. 양상추 샐러드, 치커리 샐러드, 로메인 샐러드, 그린 빈 샐러드 등등 매우 다양하다.

7) 샐러드 담을 때 주의사항

① 채소와 접시에 있는 물기는 반드시 제거해야 한다.
② 사용하는 재료들의 색, 맛, 향, 모양, 식감 등이 중복되지 않도록 한다.
③ 부재료가 주재료를 가리지 않도록 크기와 양을 조절해서 조화를 이루도록 한다.
④ 드레싱은 농도가 너무 묽지 않아야하며 제공되기 직전에 뿌리거나 따로 제공한다.

파르미지아노 치즈 튀일 만들기

① 파르미지아노 치즈 또는 그라나파다노 치즈 덩어리를 치즈 강판에 갈아서 준비한다.
② 마른 프라이팬에 갈은 치즈를 얇게 올려 온도를 높인다.
③ 치즈가 녹기 시작하고 구멍이 생겨 가라앉으면 잠시 기다린 다음 스패튤러로 조심스럽게 꺼낸다.
④ 뜨거울 때 모양을 잡아 튀일을 완성한다.

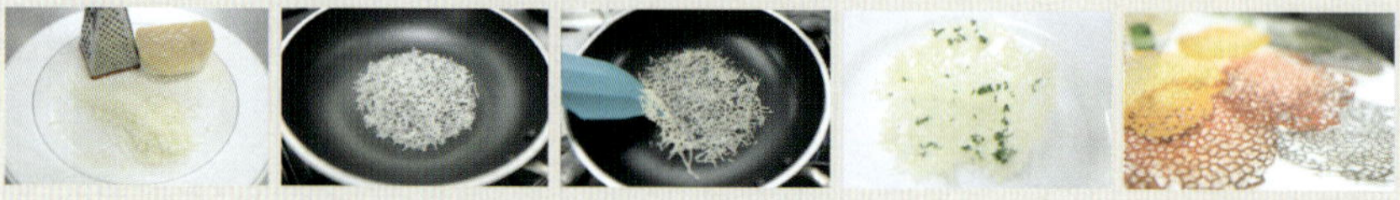

15. 어패류

1) 어패류 분류

어류	담수어	일정기간 바다에 나가기도 하지만, 주로 강이나 호수에서 서식하는 민물고기이다.
	해수어	바다에서 서식하는 바닷물고기이다.
패류	갑각류	단단한 껍데기를 가지고 있는 가재, 바닷가재, 게, 새우 등으로 민물 또는 바닷물에서 서식한다.
	연체동물	껍데기를 가지고 있는 조개, 굴, 전복, 소라 등과 껍데기가 없는 오징어, 문어 등으로 분류된다.

2) 어패류 특성

- 기질적인 습성이나 생장환경 등이 품질에 영향을 준다.
- 대체로 저지방이면서 고단백이다.
- 온도에 민감하며 부드러운 편인 육질은 사후변화 속도가 빨라 변질이 쉬우므로 손질 및 보관 시 각별히 주의해야 한다.

3) 어패류의 취급 및 보관 시 주의사항

- 취급 전 · 후 위생적으로 손 세척 및 소독을 실시한다.
- 항상 깨끗한 수돗물을 사용한다.
- 도구는 용도별(세척용, 손질용)로 구분하여 사용한다.
- 세척 및 손질 시 상온에 노출되는 시간을 최대한 줄인다.
- 전용용기에 담아 가능한 빨리 5℃ 이하 냉장 또는 -18℃ 이하 냉동 보관한다.
- 사용을 끝낸 도구는 살균기능이 있는 세정제를 이용해서 흐르는 물로 세척하고 소독을 실시한다.

4) 어패류 종류별 특성 및 선별

(1) 어류

보통 몸체의 길이가 길쭉한 편이고 몸의 대부분이 비늘로 덮여있으며 아가미, 지느러미, 날카로운 이빨이 있다.

① 광어

- 길쭉하면서도 납작하고 넓적한 형태를 가지고 있어 광어로 불린다.
- 양식바닥면에 점 또는 얼룩모양 있음과 자연산으로 분류하며 넙치류눈 왼쪽와 가자미류눈 오른쪽으로 구분된다.
- 눈이 선명하고 표면의 상태는 매끄러워야 한다.
- 눌러 보았을 때 살이 바로 위로 올라올 정도로 탄력이 있어야 한다.
- 아가미를 벌렸을 때 붉은 빛이어야 한다.
- 살은 전체적으로 투명하면서 희어야 하며, 피를 뺀 부분은 약간 붉은 빛이 연하게 감도는 흰색이다.

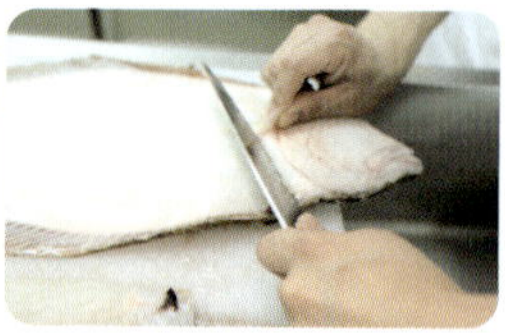

② 농어

- 형태가 가늘면서 길쭉한 편이고 전체가 뾰족한 작은 비늘로 덮여있으며, 등 쪽은 약간 푸른 색이 감놀고 배 쪽은 광택 있는 은백색을 띤다.
- 일부지역에서 깔따구, 깔대기로도 불린다.
- 여름인 6~8월이 제철이며 단백질 함량이 매우 높은 편이다.
- 눈동자가 선명해야 한다.
- 눌러보았을 때 탄력이 있어 누른 자국이 남지 않아야 한다.
- 살은 흰 색상을 띠며 육안으로 보아도 부드러운 질감이 느껴질 정도여야 한다.

③ 도미

- 형태가 길쭉하면서 약간 납작한 타원형이며 돔이라고도 불린다. 참돔, 황돔, 감성돔 등 다양한 종류가 있으며, 색은 종류나 크기에 따라 차이가 있지만 은은한 광택이 있고 선명한 편이다.
- 육질이 부드러우면서도 탄력이 있으며 지방이 적고 단백질이 함량이 높은 편이다.
- 눈동자가 선명해야 한다,
- 지느러미 부위를 눌러 보았을 때 위로 올라와야 한다.
- 색상이 선명하고 윤기가 있어야 한다.

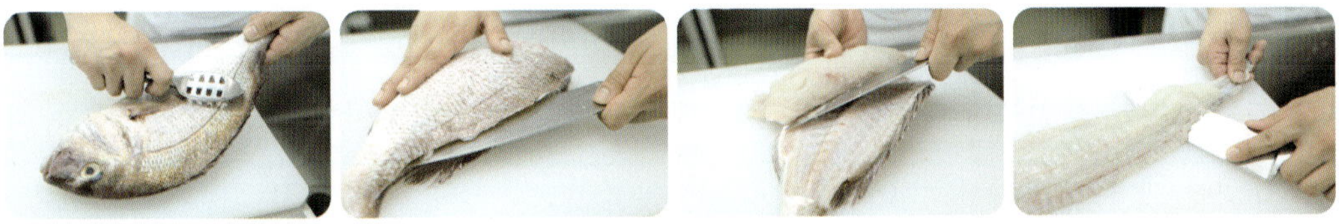

④ 연어

- 주로 북아메리카와 북유럽에서 많이 서식한다.
- 민물에서 산란하지만 대부분의 생활을 바다에서 지낸다.
- 연어의 육질 속에는 비교적 많은 지방이 포함되어 있는데, 이는 불포화지방으로 혈관질환 예방에 좋다.
- 훈제연어, 샐러드, 구이, 러시아의 연어파이와 같이 연어를 이용한 요리와 레시피가 존재한다.

⑤ 숭어

- 몸이 전체적으로 둥글고 길쭉한 편이며 머리 쪽만 약간 납작하다. 전체적으로 청색이 감도는 짙은 회색빛이며, 배 쪽은 은빛이 난다.

- 눈동자가 맑고 선명해야 한다,
- 전체적으로 육안으로 살펴보았을 때도 신선한 광택이 있고 비늘이 고르게 분포해야 한다.

⑥ 대구

- 입과 머리가 크기 때문에 대구라고 불리며, 턱 밑쪽에 한 개의 수염이 있고 꼬리 쪽이 가늘고 납작한 편이다.
- 비린맛이 없고 시원하면서 단백한 편이다.
- 전체적으로 윤기가 나는 푸른빛을 띠며 비늘이 단단하고 고르게 분포하고 있다.
- 눈이 선명하고 튀어나와 있어야 하고, 아가미를 벌렸을 때 선홍색이어야 한다.
- 다른 생선보다 살이 무른 편이지만, 전체적으로 살의 탄력이 좋아야 하며 특히 배 부위가 단단해야 한다.
- 껍질에 벗겨진 부분이나 상처가 없어야 한다.

⑦ 삼치

- 몸이 가늘고 길며 옆으로 약간 납작한 편이다. 전체적으로 광택을 있으며, 등 쪽은 회색빛이 나는 푸른색, 배 쪽은 은빛을 띠고 옆구리에는 짙은 회청색의 반점무늬가 있다.
- 다른 생선에 비해 지방함량(불포화지방산)이 높은 편이다.
- 눈의 색이 선명해고 신선해야 한다.
- 푸른색이 선명하고 윤기가 나야 한다.
- 살이 전체적으로 탄력이 있고, 배 쪽 살은 단단해야 한다.

⑧ 조기

- 몸이 길쭉하고 약간 납작한 편이며 전체적으로 회색을 띠며 황금빛이 감돈다.
- 비늘이 은빛을 띠고 전체적으로 신선해야 하며 눈이 분리되면 안 된다.
- 색을 내기 위해 노란 물감을 칠했는지 확인해야 한다.
- 알이 들어 통통하고 육질이 부드럽지만 단단하고 흩어지지 않으면서 맛이 좋아

야 한다.

(2) 갑각류 및 패류

① 바닷가재

- 주로 육지와 가까운 바다 밑의 뻘에 서식한다.
- 전체적으로 짙은 어두운 청색빛을 띠며 가열에 의해 붉게 변한다.
- 두개의 집게다리가 크고 몸길이와 비슷하다.
- 살이 넉넉하고 육질은 밀도가 높아 단단하며 풍미가 우수하다.
- 머리나 등쪽 부위를 눌러보았을 때 껍질이 단단하고, 빈 공간이 없어서 눌리는 느낌이 없고 탄력이 있어야 한다.

② 게

- 연안의 바위 사이에 서식하고 다양한 품종이 있으며, 그 품종에 따라 크기와 색이 각양각색이다.
- 육질은 조직이 거칠고 치밀한 편이며 감칠맛이 뛰어나다.
- 다리와 배가 단단하게 붙어 있어야 하며 빈 공간 없이 살이 꽉 차서 들어봤을 때 무직해야 하고 눌러보았을 때 탄력이 있어야 한다.

③ 새우

- 모래해안을 따라 서식하고, 품종에 따라 흰색부터 붉은 빛이 감도는 것까지 다양하다.
- 머리와 다리가 단단하게 붙어 있고, 모양이 반듯하면서 고르고 상처나 깨진 곳이 없으면서 윤기와 탄력이 있어야 한다.

④ 오징어

- 연안에서 심해까지 서식하며 머리, 몸, 빨판이 달린 길쭉한 두개의 촉수와 8개의 다리가 있고, 품종이나 환경에 따라 색이 조금 차이가 있다.

• 머리, 몸, 눈, 다리, 촉수, 빨판이 모두 잘 붙어있고, 몸통의 색이 짙은 갈색 빛이 나면서 윤기가 나고 탄력이 있어야 한다.

5) 어패류 손질

(1) 생선

• 흙, 모래, 점액질 등을 흐르는 수돗물로 씻어낸다.
• 비늘을 제거하고 비늘이 붙어있지 않도록 씻어낸다.
• 전용 도마에 올리고, 날카로운 생선용 칼로 복부의 전체를 꼬리 부분부터 위쪽 방향으로 잘라 내장을 제거한다.
• 아가미와 머리, 꼬리, 옆구리 부분에 있는 지느러미들을 제거한다.
• 물기를 제거하고 용도에 따라 알맞은 크기로 자른다. 살만 포로 떠낼 경우에는 포 뜨기 한 후 표면의 껍질을 벗겨낸다.
• 위생적인 헝겊이나 주방타월로 감싸 남아있는 피와 수분을 제거한다.
• 전용용기에 담거나 밀봉해서 냉장고에 보관한다.

(2) 바닷가재

• 바닷가재의 집게발을 사고예방을 위해 고무줄이나 테이블타이 등으로 고정한 다음, 흐르는 물로 솔질하며 세척한다.
• 꼬리부분을 젓가락이나 꼬챙이를 사용하여 일자로 고정한 다음, 끓는 물에 담가 살짝 데친다.
• 물기를 제거하고 용도에 알맞게 머리 · 꼬리 · 집게발 등으로 분리하고 손질해야 한다.
• 머리와 꼬리 연결 부위의 등쪽에 있는 얇은 막을 제거한 다음, 머리와 꼬리 부분을 손으로 단단히 잡고 분리시켜야 한다.
• 집게발 부분은 비틀면서 잡아당겨서 분리시켜야 하며, 분리된 집게발의 껍질 부분을 전용가위로 자르거나 칼등으로 가격하여 잘라내고 살을 분리한다.
• 분리한 꼬리 부분은 전용가위를 사용하여 꼬리 부분 양쪽 옆에 있는 껍질을 자라

준다. 나머지 껍질을 위쪽부터 떼어내듯이 잡아당겨서 벗겨내면 살만 따로 분리 시킬 수 있다.

- 머리부분은 소스나 수프용 스톡을 만들 때 사용한다.

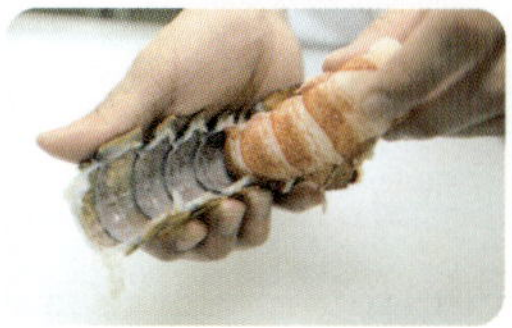

(3) 새우

- 흐르는 수돗물로 깨끗하게 세척한 다음 물기를 제거해 준다.
- 새우의 머리 앞쪽과 꼬리 쪽에 있는 가시를 가위로 잘라 제거한다.
- 다리를 가위로 잘라 제거한다.
- 머리와 몸통 부위를 양손으로 각각잡고 반대 방향으로 비틀어 분리한다.
- 몸통부위의 껍질을 위쪽부터 벗겨낸다. 이때 몸통의 배 쪽 가운데 부분을 잡고 껍질을 제거한다.
- 몸통부위 등쪽의 2~3번째 마디에 이쑤시개를 넣어 내장이 끊어지지 않도록 조심히 빼낸다.

(껍질과 머리를 제거하지 않고 사용할 경우에는, 가위로 가시와 다리를 제거한 다음, 등쪽 껍질에 칼집을 넣고 이쑤시개를 사용해 내장을 제거한다.)

(4) 오징어

- 흐르는 물로 이물질들을 깨끗하게 세척 후 오징어의 몸통과 다리를 분리한다.
- 오징어의 몸통 내부에 있는 내장과 안쪽의 투명한 연골인 뼈(연갑)를 제거한다.
- 소금이나 키친타월을 이용하여 몸통에 있는 껍질을 위쪽방향으로 살살 잡아당기며 벗겨낸다.(껍질을 제거하지 않기도 한다.)
- 촉수와 눈을 제거한다.
- 흐르는 물로 세척하고 물기를 제거한 다음, 몸통 안쪽부분에 칼집을 넣거나 용도에 맞게 자른다.

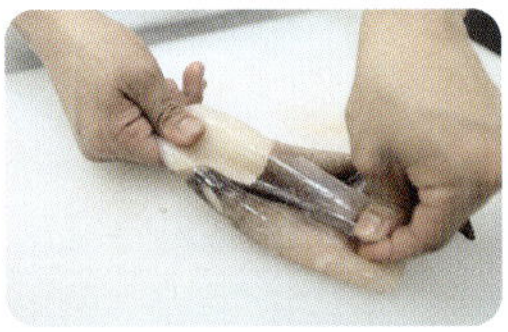

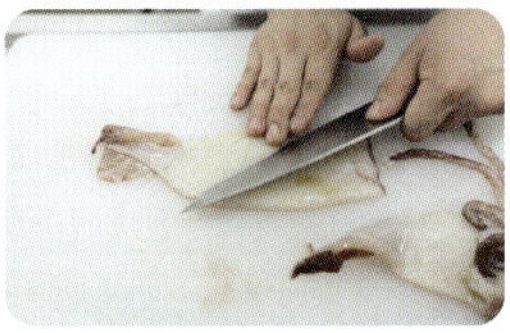

(5) 조개류

- 솔을 이용하여 흐르는 물로 껍질에 붙어있는 이물질들을 제거하며 세척한다.
- 소금물에 30분정도 담가두어 흙, 모래 등의 찌꺼기를 제거한다.
- 키조개의 경우는 상단부에 있는 연결부분을 분리한 다음 반으로 잘라 내장을 제거한다.
- 홍합의 경우는 홍합살에 붙어있는 이물질(털)을 제거한다.

6) 어패류 조리 시 이취제거

① 흐르는 물로 바닷물 속의 유기물로 인해 생긴 이물질들을 깨끗하게 제거함으로써 수용성 성분의 불쾌한 냄새를 감소시킨다.
② 우유에 담가 우유의 카제인이 생선의 아민성분을 흡착하여 냄새를 제거한다.
③ 방향성 강한 성분이 함유된 식재료(마늘, 양파, 파)를 이용하여 마리네이드함으로써 냄새를 약하게 한다.

④ 맛술이나 와인을 사용하여 알코올과 함께 비린내를 증발시킴으로써 제거한다.
⑤ 레몬즙을 이용하여 산도(ph)를 높여 생선의 비린내를 발생시키는 트리메틸아민 성분을 휘발시켜줌으로써 제거한다.

16. 육류

1) 육류의 정의

육류는 주성분이 단백질이며 식용 가능한 도축동물의 고기를 말한다. 우리가 식용하는 육류에는 소고기Beef, 돼지고기Pork, 양고기Lamb 등의 수육류Meat와, 닭고기Chicken, 오리고기Duck, 칠면조고기Turkey 등의 가금류Poultry가 있으며 염소Goat, 토끼Rabbit의 야생동물Game의 고기를 식용 용도로 이용하기도 한다.

2) 육류의 이해

(1) 육류의 구성

① **근육조직**Muscle Tissue

근육조직은 세포나 섬유질이 막으로 연결된 근섬유로 길고 가느다란 모양을 이루고 있다. 요리에 가장 많이 사용하는 것은 골격에 붙어 있는 골격근이다.

② **결합조직**Connective Tissue

결합조직은 근육과 골격 사이를 채워 연결하고 각 기관의 위치를 고정하는 역할을 한다.

③ **지방조직**Fat

지방조직은 세포의 원형질에 다량의 지방질이 침착되어 형성된 것으로 육류 전체에 작은 입자(결합 조직이나 근육 속) 또는 큰 덩어리(피하나 내장 부분)로 분포되어 있다. 지방조직이 적당량 고르게 분포되어 있으면 식감과 풍미가 좋다.

④ **골격**Bones

뼈의 골격은 동물의 연령과 암수에 따라 다르다. 어린 동물의 뼈는 가늘고 분홍색을 띠며, 성숙한 동물의 뼈는 굵고 흰색에 가깝다.

(2) 육류의 사후경직과 숙성

① 사후경직Rigor mortis

동물은 도살되면 일정시간 경과 후 근육이 탄력을 잃고 수축하여 단단하게 굳는 상태가 되는 데 이를 사후경직 또는 사후강직이라고 한다. 사후경직이 완료되기까지의 시간은 동물마다 다르며 냉장 온도에서 보통 소는 24시간, 돼지는 12시간, 닭은 2~3시간 정도이다. 그리고 이 경직상태가 시간이 경과함에 따라 풀리면서 연화되는데 이것을 숙성이라고 한다.

② 숙성Aging

육류의 p.H가 5.5정도가 되면 젖산의 활동이 중지되고 산성에서 활성을 지닌 효소에 의해 단백질의 분해가 시작되는데 이렇게 분해되는 현상을 자기소화라고 하며 이러한 과정을 숙성이라고 한다. 자기소화가 일어나면 단백질이 가수분해되어 핵단백의 분해산물과 아미노산이 생성되어 감칠맛이 생기며 근육도 연화되고 보수성도 증가되어 식감과 풍미가 좋아지는 것이다. 육류의 숙성은 육질을 부드럽게 만드는 중요한 방법 중 하나이다. 보통 숙성완료까지는 온도에 따라 다소 차이는 있지만 소는 7~10일, 돼지는 3~5, 닭은 약 2일정도이다.

건조숙성Dry Aging

일정한 온도, 압력, 습도 등을 갖춘 저장시설에서 진공포장 없이 육류를 매달아 두고 공기를 순환시키면서 4~6주간 숙성시키는 것이다. 육류를 건조 숙성시키면 지방이 줄고 맛이 증가한다는 점이 이슈화되면서 위생적인 시설을 갖추고 육류를 건조숙성 시키는 곳이 많아지고 있다. 건조숙성 시 육류는 표면이 마르면서 내부 숙성이 원활해져 단백질이 자기효소에 의해 분해되고 아미노산과 핵산이 증가하기 때문에 육질이 부드러워지고 풍미가 증가한다.

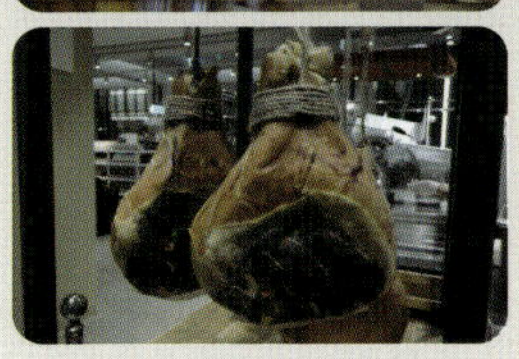

워터숙성Water Aging

저온숙성 방법으로 진공포장 한 고기를 저온의 염수수조에서 숙성하는 방법으로 염수의 부력으로 중력에 의한 육즙과 지방손실을 줄이면서 육질의 부드러움을 극대화 시켜주는 방법으로 최근 숙성고기를 판매하는 업체가 증가하고 있다.

(3) 육류의 보관

① 냉장Refrigeration

육류를 냉장고에 보관 시 가장 중요한 것은 온도 조절이다. 숙성과정을 마친 육류는 냉장고의 가장 차가운 위치에 저장해서 약 2℃정도를 유지시켜주는 것이 좋다. 비닐 랩으로 싸거나 보존 용기에 담아 2℃ 이하, 2일 이내 단기간 저장한다.

② 냉동Freezing

육류를 장기간 보관 시 냉장온도에서는 변성과 부패가 일어날 수 있으므로 급속냉동시켜야 한다. 육류를 천천히 얼리면 얼음결정이 커져서 근육세포를 파괴하여 해동 시 육즙Drip이 많이 용출되어 맛이 없어지고 질겨진다. 그렇기 때문에 밀봉하여 −30~−40℃에서 급속냉동을 시키고 진공 포장하여 −18℃정도에서 저장하는 것이 좋다.

(4) 육류의 마리네이드

마리네이드는 육류를 조리하기 전에 재료의 특성이나 조리법을 고려하여 소금, 식초, 오일, 와인, 과일, 향신료 등의 혼합물을 이용하여 양념하는 것을 말한다.

- 조리 전 향을 첨가하거나 냄새를 휘발시켜줌으로써 잡내를 제거해 준다.

• 다양한 재료들을 혼합해서 만든 액체에 담가줌으로써 질감을 부드럽게 만든다.
• 맛을 상승시키면서 보존성까지 높여준다.

마리네이드 원칙

① 도자기나 유리용기를 사용한다.
② 온도가 높은 편일 때 진행이 빨라지므로 주의한다.
③ 재료, 크기, 날씨 등에 따라 몇 시간에서 15일정도까지 소요시일의 차이가 있다.
④ 액상상태의 혼합물로 할 경우는 재료가 잠기도록 한다.
⑤ 일정 간격으로 재료를 뒤집어 혼합물이 골고루 흡수되도록 한다.

(5) 육류의 연화방법

① 온도 활용

온도 0~4℃ 정도에서 6~11일간 냉장숙성 시킨다.(약 1℃ 정도일 때 8일 정도)

② 물리적 방법

칼로 칼집을 넣거나 미트 텐더라이저로 두드려서 조직을 연화시킨다.

③ 효소작용 방법

배, 사과, 양파, 키위, 파, 정종, 맛술 등의 식재료를 사용하여 마리네이드 하면 단백질 분해 효소 활성도가 높아져 조직이 연해진다.

④ 가열 방법

건열 또는 습열로 육류를 가열해 주면 단백질의 변성과 콜라겐의 연화현상이 일어나 조직이 연해진다.

⑤ 산과 pH 변화 방법

pH가 5.5 이상이 되면 산성에서 활성을 지닌 분해효소가 단백질을 분해시키며 자기소화현상이 일어나 고기가 점점 연해진다.(레몬즙 이용)

3) 육류의 종류별 특성

(1) 소고기

- 원산지, 품종, 사육법, 성별, 연령 등에 따라 품질이 다르다.
- 1년 이상 사료를 먹여 키운 소를 상품으로 분류한다.
- 마블링, 탄력, 색, 산출액 정도, 냄새 등의 표준 지침에 의거 등급을 결정한다.
- 육색은 윤기가 나는 선홍색이 품질이 좋은 것이다.
- 지방은 우윳빛을 띠고 끈기가 있으면서 자체 특유의 향미가 나는 것이 좋은 것이다.
- 숙성은 2~4℃정도의 냉장에서 10일 전후가 적당하다.(0~2℃ 정도일 때 약 10일정도이며, 그 이하에서는 더 길고 그 이상에서는 더 짧다.)

(2) 돼지고기

- 7~12개월 정도의 어린돼지를 식용으로 이용한다.
- 단백질과 지방질이 주성분이며 부위에 따라 차이가 있지만 조직이 단단한 편이다.
- 육색은 부위별로 조금씩 다르며 윤기가 나면서 회색이 도는 옅은 선홍색이고 풍미를 결정하는 기름은 흰색이다.
- 갈아서 다양한 요리에 재료로 사용한다.
- 햄이나 소시지의 재료로 많이 사용된다.
- 숙성기간은 0~4℃ 냉장고에서 3~7일 정도가 적당하다.

(3) 양고기

- 양고기의 맛과 질감은 연령에 따라 차이가 있다.
- 좋은 품질의 양고기는 분홍빛을 띠며 매끄러운 결을 가지고 있고 흰색의 지방이 고르게 분포되어 있다.
- 양고기의 뼈는 붉은 빛을 띠며 기공이 많다.

(4) 가금류

- 닭 · 오리 · 거위 · 칠면조 등 식용으로 판매하기 위해 품종을 개량하여 기르는 조류의 일종이다.
- 흰색, 붉은색, 검은색 고기를 가진 것 등으로 분류한다.
- 지방질이 적은 편이지만 육질이 질기지 않고 대체로 부드러운 편이므로, 대부분의 부위가 요리에 사용이 가능하다.
- 가금류는 흉골의 끝을 만져보고 단단한 정도로 신선도를 판단한다. 흉골이 가지런하고 유연해야 한다.
- 신선한 가금류의 살은 탱탱하고 윤기가 난다.
- 보존기간은 온도, 공기와의 접촉 정도, 수분 함유량 등에 따라 큰 차이가 있다.

4) 육류의 손질 및 보관

(1) 소고기

① 안심

안심tenderloin은 허리등뼈 끝의 복강안쪽 살로 운동량이 없는 쪽에 있으므로 육질이 부드러운 편이다. 안심부위 중 샤토브리앙은 가장 넓은 부분에 속하며 육질이 부드럽기 때문에 스테이크로 이용하기에 적합하다.

- 해동
  - 냉동된 육류는 밀봉상태로 해동기나 냉장고에서 해동시킨다.

- 손질
  - 전용도마에 올려놓고 안심의 가장자리사이드 부분을 칼로 분리한 다음 머리Head 쪽부터 손질한다.
  - 지방과 얇은 막실버스킨을 제거한다.
  - 깨끗한 헝겊에 싸서 피를 제거한다.
  - 사용용도나 메뉴머리, 중간, 꼬리에 알맞게 썰어준다.

• 보관

– 밀봉하거나 전용용기에 담아 보통 0~3℃정도에서 10일 전후 숙성시킨다. (수입인 경우 2~3일 정도)
– 해동한 것을 다시 냉동시키면 고기가 질겨지고 맛이 없어지므로 다시 냉동하지 않는다.
– 실온에 방치하면 색이 검게 변하고 미생물 번식의 우려가 있으므로 주의해야 한다.

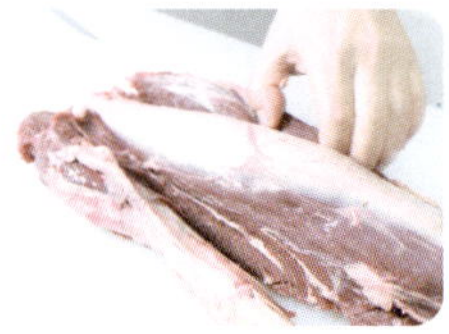

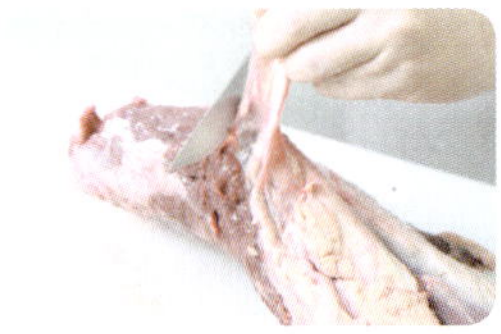

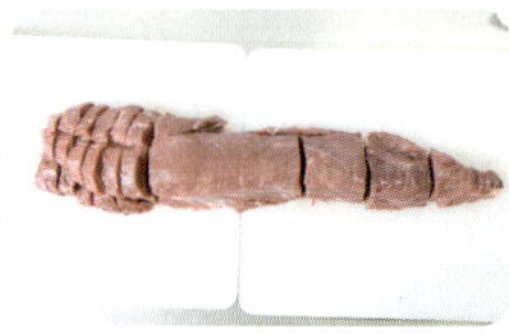

② 등심

등심Sirloin은 소 등쪽의 안심과 갈비 부위 근처에 있는 살이다. 소 부위 중 맛이 매우 좋은 부위로 인정받고 있다.

• 해동

– 냉동된 육류는 해동실이나 냉장실에서 해동한 다음 밀봉비닐을 제거한다.

• 손 질

– 전용도마에 올려놓고 지방과 근막, 두꺼운 힘줄을 제거한다.
– 깨끗한 헝겊에 싸서 피를 제거한다.
– 사용용도스테이크용, 로스트용에 알맞게 썰어준다.

• 보관

– 밀봉하여 5℃정도의 냉장고에 숙성되도록 3일정도(온도가 낮은 경우에는 숙성기간이 늘어남) 정도 보관한다.

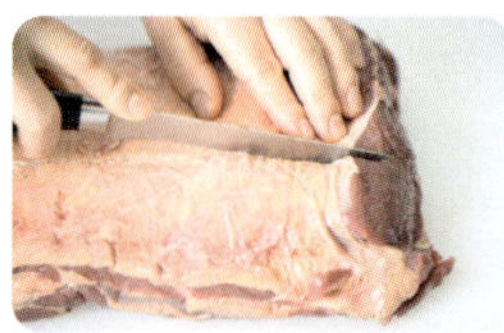

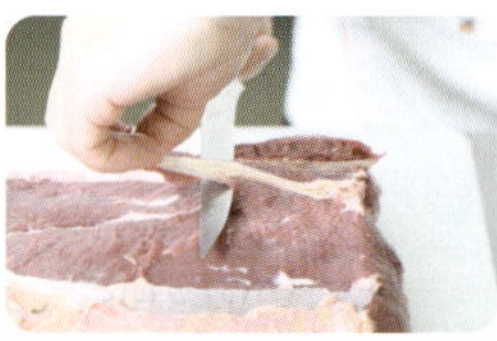
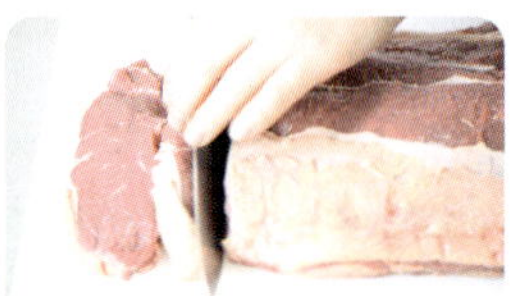

(3) 양고기

① 손질

- 지방과 근막, 힘줄 등을 제거한다.
- 뼈 부분을 손질한다.
- 사용 용도에 알맞게 썰어준다.

② 보관

- 위생적인 헝겊에 싸서 냉장시설에 보관한다.
- 보관 시 입고된 날짜 및 손질한 날짜를 표기하고 밀봉하여 보관한다.

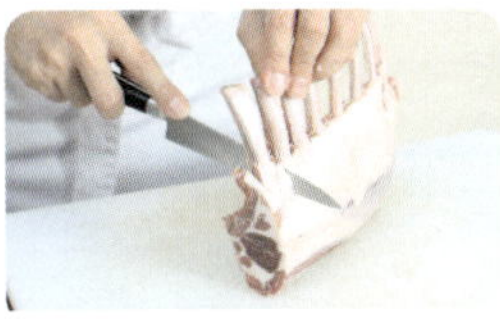

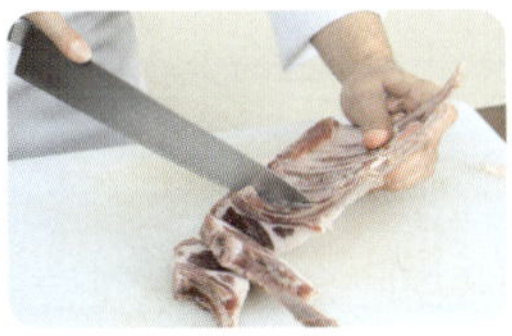
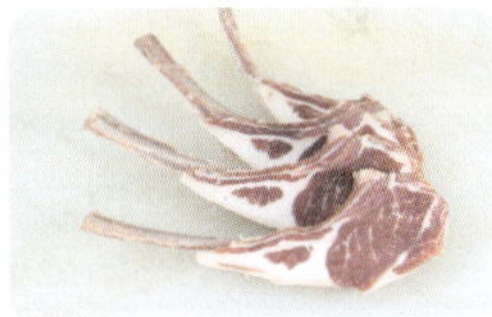

(4) 가금류

① 기본손질

- 머리와 내장을 제거한다.
- 심장 · 모래주머니 등 사용가능한 부분은 위생적으로 손질하여 분류해 둔다.
- 불필요한 지방을 제거한다.
- 전용용기에 담거나 밀봉 후 냉장시설에 보관한다.

② 가슴살 도려내기

- 가슴뼈를 중심으로 두 부분으로 분리한다.
- 한 쪽 부분씩 뼈를 타고 내려가면서 칼집을 넣어 살을 분리한다.

③ 통째로 뼈 제거하기

- 등뼈 부분을 위로 하고 등뼈 중앙에 칼집을 넣는다.

- 등뼈에서 가슴살을 한쪽 부분씩 분리한다.
- 다리를 한 쪽씩 잡고 껍질과 관절과 분리하고 뼈를 제거한다.
- 날개 쪽의 관절을 분리한다.

④ Roast용 닭 고정하기

- 조리과정 중에 다리와 날개가 벌어지고 모양이 변형되기 때문에 조리용 실로 다리와 날개 부위를 묶어 고정시킨다.
- 조리용 실을 너무 팽팽하게 묶어주게 되면 살이 줄에 눌려 뭉개질 수 있으므로 조심스럽게 묶어주도록 한다.
- 한쪽 다리를 다른쪽 다리에 올려놓고 꼬리 아랫방향으로 실을 묶어준다.
- 다리 사이에서 줄의 끝을 서로 가로지르게 한다.
- 다리에서 날개 쪽으로 날개를 고정하며 ×자 형태로 감아준다.
- 뒤집어서 실을 돌려 감아준 다음 다리 쪽에서 매듭을 지어준다.

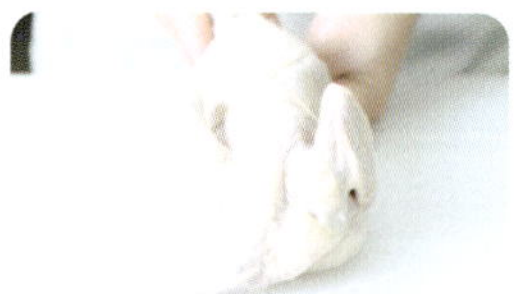

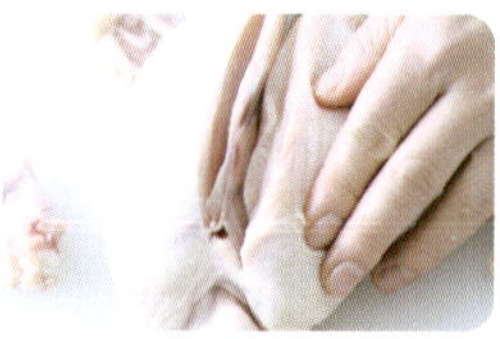

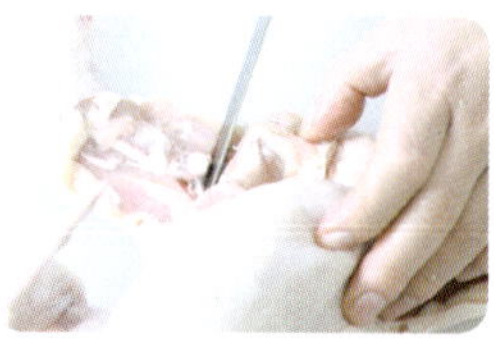

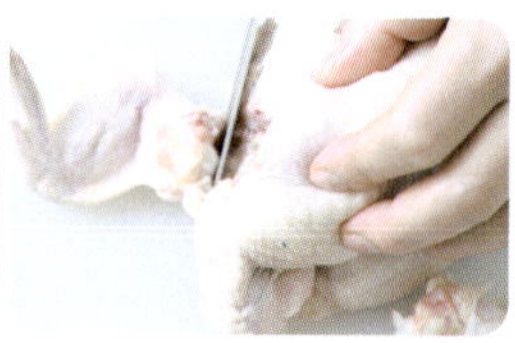

5) 육류의 굽기

육류는 익은 정도나 익히는 방법에 따라 맛, 식감, 향 등이 달라진다. 육류의 종류 및 크기, 용도별로 정확한 온도와 시간을 적용해 조리함으로써 익힘의 정도를 조절하는 것은 조리사가 반드시 익혀야하는 기술이다.

- **스테이크 굽기 정도**

– 시어링Searing : 팬이나 그릴의 강한 열이 고기의 표면에 접촉하도록 하여 육즙이 빠져나가는 것을 막아주는 것이다. 시어링으로 잘 익힌 표면 안쪽 내부의 고기에 육즙이 많이 남아 있을수록 덜 익혀진 것이다. 블루 레어Blue Rare, 레어, 미디엄 레어, 미디엄, 미디엄 웰던, 웰던으로 나눌 수 있으며, 대표적인 3가지는 다음과 같다.

레어Rare	미디엄Medium	웰던Welldone
육류 표면을 미디엄 레어보다 약간 덜 익힌 것이다. 75%정도가 붉은색을 띠며 내부온도는 약 50℃ 정도이다.	미디엄 레어와 함께 스테이크의 최적의 맛을 느낄 수 있는 단계로 미디엄 레어보다 살짝 더 익힌 것이다. 육질이 미세한 틈을 보이기 시작하며 30% 정도가 붉은색을 띠고 내부온도는 약 60℃정도이다.	전체적으로 속까지 완전히 익힌 것이다. 육류의 섬세한 맛을 느끼기는 힘들다. 내부온도는 약 70℃정도이다.

6) 육류요리 담기

① 먹는 사람을 기준으로 먹기에 편하도록 담는다.

② 간결하면서 깔끔하고 청결하게 담는다.

③ 적정 양을 그릇에 균형감 있게 담는다.

④ 재료 본래의 색과 질감이 잘 표현되도록 담는다.

⑤ 음식의 온도에 영향을 주지 않도록 그릇의 온도를 확인 후 담는다.

⑥ 전체적으로 조화로워 맛, 향, 멋을 느낄 수 있도록 담는다.

⑦ 곁들임은 완성된 음식에 시각적 · 미각적 효과를 상승시킬 수 있도록 담는다.

17. 파스타

1) 파스타의 개요

파스타Pasta는 이탈리아어로 밀가루와 물의 혼합물인 '반죽덩어리'를 의미한다. 파스타의 기원은 여러 가지 설이 있지만, [동방견문록]에 기록된 것을 보면, 기원전 3000년경부터 중국에서 만들어먹었다는 면 형태의 음식을 13세기경 이탈리아의 상인이자 탐험가 마르코 폴로Marco Polo가 중국의 원나라로부터 들여온 것임을 알 수 있다.

이탈리아 하면 떠오르는 대표적인 요리라고 해도 과언이 아닌 파스타는, 영양학적 측면에서 볼 때 매우 우수한 식품에 해당된다. 파스타는 밀가루와 달걀, 물, 소금 등으로 반죽하여 원하는 형태의 모양으로 만들어 바로 파스타 요리에 사용하는 생 파스타와 만들어서 완전히 건조시켜 오랜 기간 보관하며 사용할 수 있게 밀봉 포장한 건조파스타로 크게 나뉘며 모양, 크기, 용도 등에 따라 세분화된다.

2) 밀

(1) 다목적 밀

밀가루가 주원료인 음식을 만들 때 흔하게 사용하는 일반적인 밀로 보통 제분하면 흰색에 가까운 색을 띠며 매우 고운 분말의 형태이다.

(2) 듀럼 밀

듀럼Durum 밀은 알곡의 크기가 크고 단단한 편이며 카로티노이드색소가 다량 함유되어 있어, 도정하여 제분하면 연한 호박색의 모래알 같은 형태의 가루가 된다. 이것을 세몰리나라고 부르기도 하지만, 엄밀히 말하면 세몰리나는 듀럼 밀의 배유 부위에 해당한다. 다른 밀들에 비해 단백질의 함량이 높은 듀럼 밀은 접착력이 강한 글루텐 단백질이 많아 파스타를 만들기에 적합하다. 높은 탄력성이 파스타의 끈기 있는 독특한 질감을 형성시켜주며 다양한 모양으로 만들기 용이하게 해준다.

(3) 세몰리나

세몰리나Semolina는 듀럼 밀 종자의 배유부위에 해당하며 듀럼 밀에서 배유 부분만을 채취해 가공된 입자가 거친 옅은 노란 빛을 띠는 가루이다. 세몰리나 역시 단백질 함량이 높은 특성이 있고 회분함량이 많은 것이 특징이다. 듀럼 밀보다 약간 부드러우며 미세한 견과류의 향미가 난다.

3) 파스타 종류

(1) 생 파스타

생 파스타는 주로 밀가루에 달걀을 넣고 반죽해서 원하는 모양을 만든 후 건조과정을 거치지 않고 사용하는 촉촉한 상태의 파스타를 말한다. 밀가루와 세몰리나 가루를 혼합하여 사용하기도 하며, 기타 다양한 식재료를 혼합하여 원하는 색이나 맛을 추가하기도 한다.

생 파스타를 만들 때 주의할 점

① 실온 상태의 밀가루, 물, 달걀을 사용해야 한다.
② 사용할 밀의 단백질 함량과 습도 등을 고려하여 반죽에 필요한 물과 달걀의 양을 조절해야 한다.(반죽의 중앙을 눌러보았을 때 손에 아무것도 묻어나지 않으면 양 조절에 성공한 것임)
③ 반죽하거나 모양을 만들 때 차가운 성질을 가지고 있는 도구보다는 실온상태의 나무판 위에서 해야 한다.
④ 모양을 만들기 전 반죽덩어리를 30분정도 휴지시켜야 한다.
⑤ 반죽을 휴지시킨 후, 그 반죽이 질더라도 단백질 결합과 탄력 형성에 좋지 않으므로 밀을 첨가하지 않아야 한다.
⑥ 반죽을 치대거나 밀어서 모양을 만들 때 밀가루 또는 세몰리나 등을 살짝 뿌리기도 하는데 너무 많이 뿌리지 않도록 그 양을 잘 조절해야 한다.
⑦ 속을 채워 만든 생 파스타류는 냉장보관이더라도 자주 뒤집어주어 곰팡이나 세균이 번식하지 않도록 관리해야 한다.
⑧ 밀봉하여 냉장보관 중인 반죽이더라도 2~3일까지만 사용해야 한다.

(2) 건조 파스타

건조 파스타는 듀럼 밀 또는 세몰리나에 물을 넣어 반죽한 다음 원하는 형태와 크기로 만들어 건조시킨 것이다.

Pasta al Dente

'Al Dente'는 'To the Tooth'로 치아에 닿아 느껴지는 정도의 의미로 쓰이는 이탈리아어 표현이다. 알단테는 건조 파스타를 삶아서 건져냈을 때 겉 부분은 익고 속은 조금 덜 익힌 정도로 파스타의 중심부가 약간 덜 익어 씹었을 때 미세한 단단한 식감이 살아있도록 삶은 상태를 의미한다.

4) 파스타 면 삶을 때의 주의할 점

파스타 면을 삶을 때는 면끼리 서로 달라붙어 뭉치지 않도록 충분히 넉넉한 양의 끓고 있는 물속에서 긴 종류의 나무젓가락 또는 나무스푼 등의 도구를 사용하여 잘 휘저어주며 익혀야 한다. 속이 채워져 있는 종류의 파스타는 센 불에서 팔팔 끓이며 익히거나 너무 휘저으면서 익히면 터질 수 있으므로 특히 신경써야 한다. 면이 어느 정도 익었는지를 확인하려면 면을 건져서 자른 다음 잘린 단면의 중심부의 색 변화를 관찰하고 살짝 씹어보아 씹히는 정도를 직접 확인하도록 한다. 파스타면의 종류, 버무릴 때 사용할 소스의 종류나 조리 방법 등을 고려하여 삶아진 정도를 결정해야 하며 그 삶아진 정도를 반드시 확인 후 건져내야 한다.

5) 파스타 면 삶을 때 시간과 소금

완성된 파스타의 맛을 결정짓는데 큰 영향을 주는 것은 파스타 면을 삶아내는 시간과 삶는 동안 삶는 물속에 첨가한 염분의 흡수 정도이다. 두께나 크기 그리고 속 재료 등에 따라 삶는 시간이 다른 파스타는 삶아진 정도를 확인하며 삶는 시간을 조절해야 하며, 짧은 시간 삶아낼 때는 물속의 염분의 농도를 진하게 그리고 긴 시간 삶아낼 때는 물속의 염분의 농도를 약하게 조절해주어야 하고, 버무려 낼 소스의 종류나 조리법에 따라서도 염분의 농도와 삶아내는 시간을 조절해야 한다.

6) 파스타면을 삶을 때 소금을 넣는 이유

첫째, 염분이 글루텐의 구조를 탄탄하게 해줌으로써 보다 쫄깃한 식감을 부여한다.

둘째, 미량이지만 소금에 함유되어 있는 미네랄 성분들이 파스타면에 스며들게 함으로써 맛을 상승시켜 준다.

셋째, 버무릴 때 사용하는 소스를 면이 너무 과하게 흡수하지 않고 잘 어우러지도록 버무려지게 하기 위함이다.

파스타 삶을 때 염분의 농도는 일반적으로 1% 정도가 적당하다.(예: 물 1L당 소금 10g 정도, 파스타나 소금의 종류에 따라 조정) 모든 음식이 간이 맞아야 맛있듯이 파스타의 맛을 더욱 좋게 만들기 위해 소금을 넣는 것이다.

7) 파스타면을 삶을 때 오일을 넣지 않는 이유

냄비 안에서 끓고 있는 물은 냄비 바닥에서 가해지는 열에 의해 끓어오르면서 대류현상이 일어나지만, 익히기 위해 물 속에 넣은 파스타면은 무게에 의해 가라앉은 채 익을 뿐 위로 떠오르지는 않으며, 오일은 물보다 밀도가 가벼워서 물 표면에 떠 있기 때문에 파스타면과 오일이 접촉하지 않는다. 면끼리 붙는 것을 방지하기 위해 넣는 것이 좋다는 일부 견해도 있지만 면을 익히는 동안 위의 설명처럼 오일이 면을 코팅시키지도 못하며, 건져낼 때 물 표면에 있던 오일로 면이 일부 코팅되면 소스와 버무릴 때 오히려 소스와 면의 혼합을 방해하기 때문에 오일 파스타를 만들기 위한 면을 삶을 때를 제외하고는 오일을 첨가할 필요가 없다.

8) 파스타요리 만들 때 지켜야 할 사항

① 파스타면을 삶을 때는 소금을 넣은 물(파스타 100g에 물 1리터 이상)을 넉넉하게 준비해야 한다. 그리고 가장 강한 불을 사용하고 물이 팔팔 끓도록 해야 하는데, 물의 온도가 낮아 끓지 않는 물에 면을 삶아내게 되면 파스타가 끈적거리고 먹기에 불편하다.

② 소스는 뜨겁게 준비해야 하고, 면이 완성되기 전에 미리 준비해 둬야 한다.
③ 파스타면이 완전히 익기 1~2분 전에 물에서 빼내야 한다. 그래야 소스에서 조리할 때 소스를 흡수하고 잘 버무려지며 요리가 완성되었을 때 알단테의 식감이 된다.
④ 파스타면과 소스를 섞을 때는 큰 포크와 스푼 또는 두개의 포크, 혹은 집게를 사용하고, 파스타면 가닥들을 들어 올리고 섞고 빙빙 돌려가며 파스타면에 소스를 충분히 묻혀야 한다.
⑤ 풍부한 식감과 광택을 더하기 위해 버터나 엑스트라버진 올리브유를 첨가하여 완성하며 완성된 즉시 제공해야 한다.
⑥ 완성된 파스타를 담을 접시도 미리 뜨겁게 한 다음 담아내야 한다.

9) 파스타요리와 소스

① 알맞은 소스의 선택은 파스타요리의 완성도를 높여준다.
② 토마토 소스류를 사용하는 파스타요리는 소스를 충분히 졸인 다음 면을 버무려야 하며, 화이트크림 소스류를 사용하는 파스타요리는 면을 버무릴 때 소스가 타거나 눌지않도록 주의해야한다.
③ 너비가 넓거나 길이가 짧은 종류의 파스타요리는 찐득한 느낌이 있는 진한 소스치즈, 크림가 어울린다.
④ 생 파스타요리는 부드러운 질감과 풍미를 주기 위해 버터나 치즈를 많이 사용하고 건조 파스타요리는 육류를 이용한 소스를 많이 사용한다.
⑤ 소가 채워진 파스타요리는 사용된 소에 따라 촉촉함과 맛이 결정되는 경향이 있으므로 수프나 가벼운 소스를 사용한다.
⑥ 오일소스 파스타요리는 볶을 때 소량 사용하는 육수에 의해 맛이 결정되며 이때 전분성분이 녹아있는 면 삶아낸 물을 첨가해주면 소스와 면의 결착을 돕는다.
⑦ 파스타면을 삶아낸 후 바로 소스에 버무려 풍미와 질감이 최상일 때 손님에게 바로 제공한다.

18. 조식 및 달걀

1) 조식

아침식사를 뜻하는 Breakfast는 Break '깨다'와 Fast '단식, 금식'의 두 단어가 합쳐진 말로 '밤새 지속했던 금식을 깬다'는 의미이다. 긴 시간동안 음식섭취를 중단한 공복 상태이므로 위에 부담이 가지 않는 부드러운 종류의 음식이 바람직하며, 하루를 시작하는 식사인 만큼 고른 영양성분으로 우리 몸이 필요로 하는 양질의 영양분을 흡수하도록 해야 한다.

서양조식은 일반적으로 지역별로 분류되며, 미국식American Breakfast, 유럽식Continental Breakfast, 영국식English Breakfast 등이다. 주로 뷔페식 형태로 제공되는 경우가 많으며 조식에 제공되는 것들은 빵류, 프렌치토스트, 팬케이크, 달걀요리, 시리얼, 과일, 음료 등등 다양하다.

(1) 달걀요리

달걀요리는 조식 중 주 요리에 해당하며 1인분에 달걀 2개정도를 사용하여 조리해서 제공한다. 오믈렛이나 그 외 특별한 요리를 할 때는 3개를 사용하기도 한다. 달걀요리에는 다양한 종류가 있으며 조식으로 제공될 때 주로 감자가 함께 곁들여지는 경우가 많고 고객의 주문에 의해 햄, 베이컨, 소시지 등이 추가되기도 한다.

① 프라이드 에그 Fride Egg

오일이나 버터를 두른 팬의 온도가 120℃ 정도일 때 달걀 2개를 넣고 흰자가 반 정도 익으면 뒤집어서 흰자를 더 익히는 것이다. 이때 익히지 않은 노른자가 파손되지 않도록 주의해야 한다. 일반적으로 프라이드 에그는 오버 이지를 말한다. 뒤집기 여부와 노른자의 익은 정도에 따라 구체적으로 세분화하면 다음과 같다.

- 서니 사이드 업Sunny-side Up : 달걀을 오일이나 버터를 두른 가열된 팬에 넣고 뒤집지 않고 한쪽만 익히는 것이다. 흰자만 익히고 노른자가 선명한 태양처럼 또렷하게 살아있어야 한다. 낮은 온도에서 조리하면 흰자가 많이 퍼지고 반대로 온도가 너무 높으면 흰자가 질겨지거나 가장자리 부분이 타서 지저분해질 수 있으므로 주의해야 한다.

- 오버 이지Over Easy : 흰자가 1/2정도 익으면 노른자가 깨지지 않도록 조심스럽게 뒤집어서 흰자만 마저 익히고 노른자는 익히지 않은 것이다. 흰자만 익고 노른자는 익지 않고 흐르는 상태여야 하며, 노른자가 파손되어 퍼지지 않도록 주의해야 한다.

- 오버 미디엄Over Medium : 오버 이지와 같은 방법으로 조리하며, 노른자를 반 정도만 익힌 것이다.

- 오버 하드Over Hard / Over Well-done : 오버 이지와 같은 방법으로 조리하는데, 노른자를 완전히 익힌 것이다. 팬에서 노른자를 깨뜨리고 어느 정도 익힌 상태에서 뒤집어서 마저 익히거나, 노른자가 반 정도 익었을 때 깨뜨리지 않고 뒤집어 완전히 익히기도 한다.

② 스크램블 에그Scrambled Egg

달걀 2개를 믹싱 볼에서 거품기로 잘 휘저어 노른자와 흰자가 잘 섞였을 때 우유 또는 생크림을 15㎖ 정도 넣고 혼합한 것을 오일류를 두르고 가열한 팬에 넣고 재빨리 휘저으며 익힌 것으로 덩어리지지 않고 부드럽게 만들어야 한다.

달걀을 부드럽게 잘 풀어서 혼합해야 하며, 조리시간이 길어지면 단단해지므로 주의해야 한다. 또 부드러운 질감을 상승시키기 위해 첨가하는 우유나 생크림의 양이 많으면 조리 후 분리 현상이 생길 수 있으므로 소량만 첨가해야 한다.

③ **포치드 에그**Poached Egg

포치드 에그는 조식 메뉴로 인기 있는 달걀요리이며, 물속에서 흰자만 부드럽게 익히고 노른자는 익히지 않은 것이다. 에그 보헤미안, 에그 베네딕트, 에그 플로랑틴 등등 다양한 요리에 광범위하게 사용된다. 너무 깊지 않은 냄비류를 사용해야 하며 2리터 이상의 물에 소금 1/2테이블스푼, 식초 1테이블스푼을 첨가해서 가열한다. 물의 온도가 95℃를 넘지 않아 팔팔 끓고 있지 않고 은근하게 끓을 때 작은 볼에 준비해 둔 달걀을 살살 조심스레 넣어 흐트러지지 않게 흰자만 익도록 조리한다. 건조하고 단단해지는 것을 방지하고 부드러움을 살릴 수 있도록 조리해야 한다.

달걀을 넣고 2~3분 정도 익히면 소프트 포치드, 5분 정도 익히면 미디엄 포치드, 7~8분 정도 익혀내면 하드 포치드 에그이다. 완성된 포치드 에그를 빵류 위에 올릴 때는 수분을 제거하고 사용해야 한다.

④ **보일드 에그**Boiled Egg

보일드 에그는 약간의 소금과 식초를 첨가한 끓는 물속에서 껍질을 제거하지 않은 달걀을 통째로 삶아내는 것이다. 냉장으로 보관 중인 달걀은 달걀 내부의 찬 공기가 가열로 팽창하면서 껍데기가 깨질 수 있기 때문에 미리 꺼내 실온에서 냉기를 제거해야하며, 물의

양은 달걀이 완전히 잠기고 위로 3cm 이상 올라오도록 충분해야 한다. 달걀을 냄비에 넣을 때 껍질에 금이 가지 않도록 주의하고 너무 센불로 가열하면 달걀끼리 부딪혀 껍질이 깨질 수 있으므로 중불에서 익혀내야 한다. 조리 완료 후 즉시 찬물얼음물에 담가 냉각시켜야 껍질이 잘 분리된다.

고객의 주문이나 사용용도에 따라 익은 정도를 달리 만드는데, 달걀의 크기나 화력 등에 따라 차이가 있지만 물이 끓기 시작할 때부터 대략 소프트미숙는 3~4분, 미디엄반숙은 5~6분, 하드완숙는 10~12분정도 익힌다. 물을 가열 후에 달걀을 넣은 경우는 각 5분정도씩 더 익힌다.

⑤ **오믈렛**Omelet

오믈렛은 달걀요리 중 인기 있는 요리 중 하나이며 보통 달걀 3개를 사용하여 만든다. 간단하고 쉬운 요리이면서도 완성도 있는 모양을 만들어 내기 까다로워 많은 연습이 필요하다. 예열한 팬에서 온도를 잘 조절하면서 휘저은 달걀이 굳기 전에 팬의 옆면을 이용하여 둥글게 말아 럭비공 모양으로 만들면서 익혀내는 것이다. 보기 좋은 모양과 형태를 만들기 위해 첨가물 없이 달걀만으로 만든 것을 플레인 오믈렛Plain Omelet이라고 하며 다른 재료를 첨가하거나 사용한 소스에 따라 명칭이 조금씩 달라진다.

⑥ **수플레**Souffle

수플레는 '부풀이오른'이란 의미의 프랑스어이다. 달걀흰자를 거품기로 충분히 휘저어서 단단한 거품을 내어 머랭Meringue을 만들고 밀가루, 버터, 우유, 달걀노른자 등의 재료를 혼합한 것과 잘 섞어 오븐에 구워낸 것이다. 에피타이저나 디저트로 사용된다.

(2) 달걀요리를 활용한 요리

① **에그 베네딕트**Egg Benedict

영국식 머핀English Muffin 위에 햄, 베이컨, 포치드 에그를 얹은 다음 소량의 홀렌다이즈 소스Hollandaise Sauce를 끼얹져 낸 요리이다.

② **에그 플로랑틴**Egg Florentine

만드는 방법이 지역마다 차이가 있으며, 그 중 에그 베네딕트처럼 만들 때는 햄을 시금치로 바꾼 것이라고 보면 된다. 빵 위에 데쳐서 볶은 시금치, 포치드 에그를 얹고 치즈나 홀렌다이즈소스를 끼얹져 낸 요리이다.

③ **크로크 마담**Croque Madame

프랑스사람들이 간단하게 점심을 때울 때브런치 용도 주로 먹었던 빵에, 햄과 치즈를 올리고 소스를 뿌려 오븐에 구워낸 크로크므시외Croquemonsieur에 달걀프라이를 얹어 만든 것이다. 얹어진 달걀의 모양이 프랑스 부인들의 모자를 닮았다 하여 '크로크 마담'이라고 불린다.

(3) 달걀이 부재료인 요리

케이크Cake, 쿠키Cookie, 팬케이크Pan Cake, 와플Waffle, 커스터드 푸딩 및 크림Custard Pudding and Cream, 머랭Meringue, 무스Mousse, 마요네즈Mayonnaise, 에그노그Eggnog 등등이 있다.

2) 달걀의 품질

(1) 달걀의 품질기준

우리나라의 경우 외국과 달리 달걀의 품질기준이 명확히 수치화되어 정해지지는 않았지만, 축산물품질평가원에서 정한 기준에 따라 등급을 결정한다. 달걀의 크기,

신선도, 노른자와 흰자의 퍼지는 정도, 기실의 크기 등을 고려하여 품질등급을 정하고 있다.

(2) 달걀의 품질등급 및 중량규격

품질등급판정은 달걀의 품질 기준인 A~D급에 따라 1+등급, 1등급, 2등급, 3등급 등 4단계로 분류된다.

달걀의 중량규격은 왕란 68g 이상, 특란 60~68g 미만, 대란 52~60g 미만, 중란 44~52g 미만, 소란 44g 미만 정도로 무게에 따라 구분된다.

(3) 달걀의 비중

신선한 달걀의 비중은 1.08정도이며, 보관장소, 보관온도, 보관기간의 경과에 따라 신선도가 떨어지면서 비중이 작아진다. 이때 기실의 크기가 커지면서 달걀 안에 공기가 많아지기 때문에 소금물에 띄워보면 떠오르는 것이다.

3) 달걀의 신선도 확인방법

① 달걀껍데기를 확인해 본다.

육안으로도 두꺼우면서 단단한 것이 느껴져야 하며 표면의 질감이 거칠고 작은 기공이 많은 것이 신선한 것이다.

② 껍데기를 깨서 노른자와 흰자의 상태를 확인한다.

노른자의 위치와 높이, 흰자의 퍼짐 정도와 투명도, 점성도, 이물질 여부 등으로 신선한 달걀 여부를 판단할 수 있다. 신선한 달걀은 노른자의 높이가 높고 농후 난백이 많고 점성이 있다.

③ 소금물에 달걀을 담가본다.

3~4%정도의 소금물에 달걀을 넣어 달걀이 수면 가까이로 떠오르는 것은 비중이 줄어든 오래된 달걀이다. 신선도가 떨어지는 달걀이므로 사용하지 않아야 한다.

The French Chef Cuisine

기초부터 고급까지 **서양조리의 모든 것**

양식조리기능사

수험자 유의사항

1 만드는 순서에 유의하며, 위생과 숙련된 기능평가를 위하여 조리작업 시 맛을 보지 않습니다.
2 지정된 수험자지참 준비물 이외의 조리기구나 재료를 시험장 내에 지참할 수 없습니다.
3 지급재료는 시험 전 확인하여 이상이 있을 경우 시험위원으로부터 조치를 받고 시험 중에는 재료의 교환 및 추가지급은 하지 않습니다.
4 요구사항 및 지급재료의 규격은 '정도'의 의미를 포함하며, 재료의 크기에 따라 가감하여 채점됩니다.
5 위생복, 위생모, 앞치마, 마스크를 착용하여야 하며, 시험장비·조리기구 취급 등 안전에 유의합니다.

Shrimp Canape (쉬림프 카나페)

조리시간 : 30분

요구사항

주어진 재료를 사용하여 다음과 같이 쉬림프 카나페를 만드시오.

가 새우는 내장을 제거한 후 미르포아(Mirepoix)를 넣고 삶아서 껍질을 제거하시오.

나 달걀은 완숙으로 삶아 사용하시오.

다 식빵은 지름 4cm의 원형으로 하고, 쉬림프 카나페는 4개 제출하시오.

지급재료 목록

- Shrimp(새우) 4Mi
- Sliced White Bread(식빵) 1pc
- Egg(달걀) 1ea
- Parsley(파슬리) 1stem
- Butter(버터) 30g
- Tomato Ketchup(토마토케첩) 10g
- Salt(소금) 5g
- Ground white Pepper(흰후춧가루) 2g
- Toothpick(이쑤시개) 1ea
- Onion(양파) 1/8ea
- Carrot(당근) 15g
- Celery(셀러리) 15g
- Lemon(레몬) 1/8ea

조리방법

1 파슬리는 찬물에 담가 잎이 싱싱하게 살아나도록 한다.
2 끓는 물에 소금을 넣고 달걀을 넣은 다음 노른자가 중앙에 오도록 굴려가면서 12분 동안 삶아 꺼내어 찬물에 담가 식혀 놓는다.
3 이쑤시개를 이용하여 새우의 내장을 제거한다.
4 새우 삶을 물에 미르포아(양파, 당근, 샐러리)와 레몬, 소금을 넣고 끓여 뚜껑을 연 상태로 손질한 새우를 삶아 식힌다.
5 식빵은 칼을 이용하여 4등분하고 직경 4cm의 원형으로 자른 후, 팬에서 앞뒷면을 노릇하게 구워놓는다.
6 삶은 달걀껍질을 제거한 후 칼을 이용하여 4등분으로 잘라 놓는다.
7 삶아 식힌 새우는 머리와 껍질을 제거하고(꼬리는 남겨 놓는다) 등 쪽에 칼집을 넣어 세울 수 있게 모양을 만든다.
8 구워놓은 빵 위에 달걀, 새우의 순서로 얹는다.
9 토마토케첩으로 새우에 포인트를 주고 물기를 제거한 파슬리잎 조각으로 장식한다.

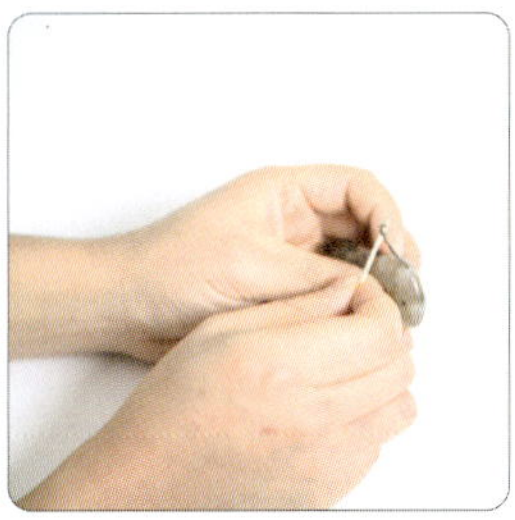

TIP

1 서양요리에서는 해물을 삶을 때 미르포아(Mirepoix) 야채와 파슬리 줄기, 레몬, 통후추 등을 이용해 코트 부용(Court Bouillon)을 만들어 이용하며, 이는 해산물의 비린내 제거와 함께 맛도 좋게 하는 효과를 낸다.
2 빵을 구울 때는 팬의 온도를 은근히 유지하여 식빵이 타지 않도록 주의해야 한다.
3 달걀을 삶을 때 노른자가 중앙에 오도록 굴려주어야 한다. 조각으로 장식한다.

Spanish Omelet(스페니쉬 오믈렛)

조리시간 : 30분

요구사항

주어진 재료를 사용하여 다음과 같이 스페니쉬 오믈렛을 드시오.

가 토마토, 양파, 청피망, 양송이, 베이컨은 0.5cm의 크기로 썰어 오믈렛 소를 만드시오.

나 소가 흘러나오지 않도록 하시오.

다 소를 넣어 나무젓가락과 팬을 이용하여 타원형으로 만드시오.

지급재료 목록

- Egg(달걀) 3ea
- Onion(양파) 1/6ea
- Green Pimento(청피망) 1/6ea
- Bacon(베이컨) 1/2piece
- Mushroom(양송이) 1ea(10g)
- Tomato(토마토) 1/4ea
- Tomato Ketchup(토마토케첩) 20g
- Butter(버터) 20g
- Salad Oil(식용유) 20ml
- Fresh Cream (생크림) 20ml
- Salt(소금) 5g
- Ground Black Pepper(검은 후춧가루) 2g

조리방법

1 달걀은 거품기를 이용하여 잘 푼 후 고운체에 알끈과 달걀껍질을 걸러준다.
2 토마토는 껍질과 씨를 제거한 후 양파, 피망, 양송이, 베이컨과 함께 0.5cm 크기로 자른다.
3 팬에 베이컨, 양파, 피망, 양송이, 토마토 순서로 볶은 다음, 토마토케첩을 넣고 볶아주면서 소금, 후추로 간을 한 후 식혀둔다.
4 오믈렛 팬을 달군 후 절반의 식용유를 두르고 코팅을 하고 난 후 남은 기름을 따라내고 식힌다.
5 중불에 여분의 식용유와 버터를 넣고, 버터가 녹기 시작할 때 달걀을 부은 다음 나무젓가락으로 재빨리 저어 스크램블을 만든다.
6 불을 약 불로 낮추고, 스크램블 가운데 볶은 야채를 올리고 빠르게 타원형으로 말아준다.
7 모양이 럭비공 모양이 되도록 완성한 후 접시에 담아낸다.

TIP

1 팬을 충분히 길들여서 달걀이 프라이팬에 달라붙지 않도록 한다.
2 속재료를 너무 많이 넣으면 터질 염려가 있으므로 적당량을 넣어서 말아 주어야 한다.
3 내용물이 고루 들어가고 터지지 않도록 유의한다.
4 오믈렛을 만들 때 색이 나거나 단단해지지 않도록 한다.

Cheese Omelet(치즈 오믈렛)

조리시간 : 20분

요구사항

주어진 재료를 사용하여 다음과 같이 치즈 오믈렛을 만드시오.

가 치즈는 사방 0.5cm로 자르시오.

나 치즈가 들어가 있는 것을 알 수 있도록 하고, 익지 않은 달걀이 흐르지 않도록 만드시오.

다 나무젓가락과 팬을 이용하여 타원형으로 만드시오.

지급재료 목록

• Egg(달걀)	3ea
• Cheese(치즈)	1pc
• Fresh Cream(생크림)	20ml
• Butter(버터)	30g
• Salad Oil(식용유)	20ml
• Salt(소금)	2g

조리방법

1 달걀은 거품기를 이용하여 잘 푼 후 고운체에 알끈과 달걀껍질을 걸러준다.
2 치즈는 가로 세로 0.5×0.5cm 크기로 일정하게 자른다.
3 풀어놓은 달걀에 생크림을 넣고 거품기를 이용해 잘 섞는다.
4 오믈렛 팬을 달군 후 절반의 식용유를 두르고 코팅을 하고 난 후 남은 기름을 따라내고 식힌다.
5 중불에 여분의 식용유와 버터를 넣고, 버터가 녹기 시작할 때 달걀을 부은 다음 나무젓가락으로 재빨리 저어 스크램블을 만든다.
6 불을 약 불로 낮추고, 스크램블 가운데 치즈를 올리고 빠르게 타원형으로 말아준다.
7 나무젓가락을 이용하여 프라이팬 가장자리에서 타원형 모양을 잡는다.
8 양쪽 모양이 통통한 럭비공처럼 되도록 완성한 후 접시에 담아낸다.

TIP

1 팬을 충분히 길들여서 달걀이 프라이팬에 달라붙지 않도록 한다.
2 완성된 오믈렛은 럭비공 모양이어야 하고 속은 부드러워야 한다.
3 익힌 오믈렛은 갈라지거나 굳어지지 않도록 유의한다.
4 완성된 접시에 익지 않은 달걀이 흐르지 않도록 유의한다.
5 완성된 오믈렛은 색이 나시 않아야 한나.

Waldof Salad (월도프 샐러드)

조리시간 : 20분

요구사항

주어진 재료를 사용하여 다음과 같이 월도프 샐러드를 만드시오.

가 사과, 셀러리, 호두알을 1cm의 크기로 써시오.

나 사과의 껍질을 벗겨 변색되지 않게 하고, 호두알의 속껍질을 벗겨 사용하시오.

다 상추 위에 월도프 샐러드를 담아내시오.

지급재료 목록

• Apple(사과)	1ea
• Celery(샐러리)	30g
• Walnut(호두)	2ea
• Lemon(레몬)	1/4ea
• Lettuce(양상추)	20g
• Mayonnaise(마요네즈)	60g
• Toothpick (이쑤시개)	1ea
• Salt(소금)	2g
• Ground White Pepper(흰후춧가루)	1g

조리방법

1 호두는 따뜻한 물에 불리고, 양상추는 찬물에 담가 둔다.
2 샐러리는 껍질을 벗기고 사방 1cm의 크기로 썰어 놓는다.
3 사과는 껍질을 벗기고 씨를 제거하고 사방 1cm의 크기로 잘라 소금, 레몬 물에 담가 놓는다.
4 물에 불린 호두를 이쑤시개를 이용하여 껍질을 벗기고 1cm 크기로 잘라 준다.
5 양상추는 물기를 제거하고 샐러드를 넉넉히 위에 올릴 수 있을 정도의 크기로 뜯어 놓는다.
6 물기를 제거한 사과, 샐러리, 호두를 믹싱볼에 넣고 마요네즈와 혼합하고 레몬즙, 소금, 후추로 간을 한다.
7 그릇에 양상추를 깔고 샐러드를 담아서 제출한다.

TIP

1 미리 사과를 썰어 놓을 경우에는 사과는 갈변을 방지하기 위해 꼭 설탕이나 소금물을 만들어서 담가두어야 한다. 금방 버무릴 경우에는 사과를 썰자마자 버무려서 샐러드를 완성하면 된다.
2 샐러드의 소스가 묽지 않도록 재료들의 물기를 없앤 후에 마요네즈와 버무리는 것이 바람직하다.
3 사과의 껍질을 먼저 벗기지 않고 자르고 나서 벗겨 사용하면 좀 더 많은 양의 사과를 얻을 수 있다.
4 호두는 따뜻한 물에 불려 이쑤시개로 껍질을 제거한다.

Potato Salad(포테이토 샐러드)

조리시간 : 30분

요구사항

주어진 재료를 사용하여 다음과 같이 포테이토 샐러드를 만드시오.

가 감자는 껍질을 벗긴 후 1cm의 정육면체로 썰어서 삶으시오.

나 양파는 곱게 다져 매운맛을 제거하시오.

다 파슬리는 다져서 사용하시오.

지급재료 목록

- Potato(감자) 1ea
- Onion(양파) 1/6ea
- Mayonnaise(마요네즈) 50g
- Parsley(파슬리) 1stem
- Salt(소금) 5g
- Ground White Pepper(흰후춧가루) 1g

조리방법

1 감자는 깨끗이 씻은 후 껍질을 벗겨 사방 1cm정도의 크기로 썰어 물에 담근다.
2 끓는 물에 소금을 넣고 감자를 5분정도 삶아 찬물에서 헹구지 말고 실온에서 식힌다.
3 양파는 곱게 다져서 소금물에 담가두었다가 소창에 올려서 수분을 제거한다.
4 파슬리는 곱게 다져서 소창에 싸서 찬물에 헹구어 물기를 제거하여 가루를 만든다.
5 믹싱볼에 삶은 감자, 다진 양파, 소금과 후추를 넣고 적당량의 마요네즈를 섞어 감자가 부서지지 않도록 살살 버무린다.
6 접시에 샐러드를 정갈하게 담고 파슬리 가루를 뿌려 제출한다.

TIP

1 감자를 너무 많이 삶아 익히면 버무릴 때 모양이 부서지므로 이쑤시개로 확인하면서 삶아준다.
2 다진 양파를 너무 많이 넣으면 지저분해 보이므로 많이 넣지 않는다.
3 소스농도에 주의해야 한다.

BLT Sandwich (베이컨, 레터스, 토마토 샌드위치)

조리시간 : 30분

요구사항

주어진 재료를 사용하여 다음과 같이 베이컨, 레터스, 토마토 샌드위치를 만드시오.

가 빵은 구워서 사용하시오.

나 토마토는 0.5cm 두께로 썰고, 베이컨은 구워서 사용하시오.

다 완성품은 4조각으로 썰어 전량을 제출하시오.

지급재료 목록

- Toast Bread(식빵) 3piece
- Lettuce(양상추) 20g
- Tomato(토마토) 1/2ea
- Bacon(베이컨) 2piece
- Mayonnaise(마요네즈) 30g
- Salt(소금) 3g
- Ground Black Pepper(검은후춧가루) 1g

조리방법

1 양상추는 찬물에 담가 싱싱하게 준비한다.
2 식빵은 기름을 두르지 않고 양면이 갈색이 나도록 구워낸다.
3 베이컨은 은근하게 달군 팬에서 구워서 기름기를 제거해 놓는다.
4 토마토는 0.5cm 두께 원형으로 자르고, 양상추는 물기를 제거하고 식빵 크기로 자른다.
5 구운 식빵은 2장은 한 면에만 마요네즈를 바르고 1장은 양면에 다 바른다.
6 빵에 양상추, 베이컨을 올리고 양면에 버터를 바른 빵을 올리고, 양상추, 토마토, 식빵 순으로 올려 샌드위치를 만든다.
7 샌드위치의 4조각으로 잘라 접시에 담아낸다.

TIP

1 BLT는 베이컨(Bacon), 양상추(Lettuce), 토마토(Tomato)의 약자로 글자의 첫 자를 따온 약자이다.
2 채소의 물기를 충분히 제거하여 토스트가 눅눅해지지 않도록 주의한다.
3 베이컨은 팬에서 적당히 구운 다음 키친타월에 올려 기름기를 제거한다.
4 내용물이 떨어지지 않도록 마요네즈를 사용하는데 너무 많이 바르면 내용물이 밀리고 지저분해 보일 수 있다.
5 내용물 윗면에 마요네즈를 소량 바르고 재료를 계속 올려야 샌드위치가 밀리지 않는다.

Hamburger Sandwich (햄버거 샌드위치)

조리시간 : 30분

요구사항

주어진 재료를 사용하여 다음과 같이 햄버거 샌드위치를 만드시오.

가 빵은 버터를 발라 구워서 사용하시오.

나 고기에 사용되는 양파, 셀러리는 다진 후 볶아서 사용하시오.

다 고기는 미디움웰던(medium-wellden)으로 굽고, 구워진 고기의 두께는 1cm로 하시오.

라 토마토, 양파는 0.5cm 두께로 썰고 양상추는 빵 크기에 맞추시오.

마 샌드위치는 반으로 잘라 내시오.

지급재료 목록

- Toast Bread(식빵) 3piece
- Lettuce(양상추) 20g
- Tomato(토마토) 1/2ea
- Bacon(베이컨) 2piece
- Mayonnaise(마요네즈) 30g
- Salt(소금) 3g
- Ground Black Pepper(검은후춧가루) 1g

조리방법

1 양상추는 찬물에 담가 둔다.
2 양파는 0.5cm 두께로 잘라 놓고 나머지 양파와 껍질을 제거한 샐러리를 곱게 다져서 살짝 볶아 펼쳐서 식힌다.
3 토마토는 0.5cm 두께의 원형으로 자른다.
4 소고기는 칼로 썰어 곱게 다져 놓는다.
5 믹싱볼에 소고기 다진 것과 볶은 양파, 샐러리, 소금, 후추, 달걀물, 빵가루를 넣고 치대어 햄버거 패티를 만든다.
6 패티를 햄버거 빵의 직경보다 1cm정도 크게 하고, 두께는 0.6~0.7cm정도로 하여 기름을 두른 팬에서 앞, 뒤로 색을 내어 고기의 속까지 익혀 준다.
7 토스트한 햄버거 빵에 버터를 바르고, 물기를 제거한 양상추를 위에 올리고 패티, 양파, 토마토를 차례로 얹은 후 위에 빵을 올린다.
8 햄버거 샌드위치를 이등분하여 속 재료가 보이도록 접시에 담는다.

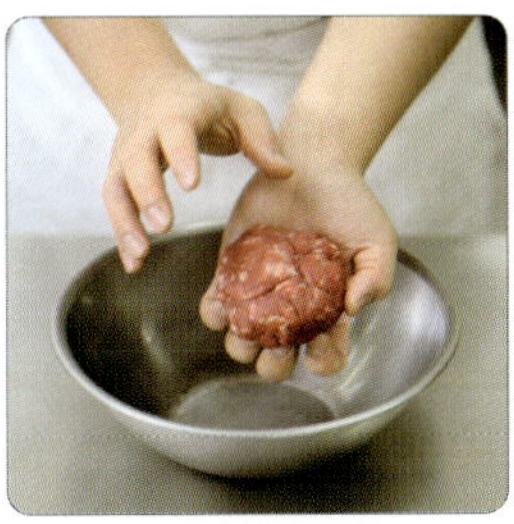

TIP

1 햄버거 패티(patty)는 익으면 원래 크기보다 줄어들므로 빵 크기보다 약간 크게 만들고 모든 재료를 곱게 다져 사용해야 좋다.
2 햄버거용 빵은 너무 빨리 구워 놓으면 눅눅해지므로 마지막에 구워서 사용하는 것이 바람직하다.
3 모든 재료는 곱게 다져서 사용해야 좋은 패티를 얻을 수 있다.

Brown Stock(브라운 스톡)

조리시간 : 30분

요구사항

주어진 재료를 사용하여 다음과 같이 브라운 스톡을 만드시오.

가 스톡은 맑고 갈색이 되도록 하시오.

나 소뼈는 찬물에 담가 핏물을 제거한 후 구워서 사용하시오.

다 당근, 양파, 셀러리는 얇게 썬 후 볶아서 사용하시오.

라 향신료로 사세 데피스(sachet d'epice)를 만들어 사용하시오.

마 완성된 스톡은 200mL 이상 제출하시오.

지급재료 목록

• Beef bone(소뼈)	150g
• Onion(양파)	1/2ea
• Carrot(당근)	40g
• Celery(셀러리)	30g
• Black Pepper whole(통후추)	4ea
• Tomato(토마토)	1ea
• Parsley(파슬리)	1stem
• Bay leaf(월계수잎)	1leaf
• Clove(정향)	1ea
• Butter(버터)	5g
• Salad Oil(식용유)	50ml
• Kelp bag(다시백)	1ea

조리방법

1 2~3cm 자른 소뼈는 찬물에 담가 핏물을 제거한다.
2 미르포아(Mirepoix: 당근, 양파, 샐러리) 야채는 3×3cm로 썰고, 토마토는 껍질과 씨를 제거하여 슬라이스 한다.
3 팬에 소량의 버터를 넣고 소뼈를 갈색이 되도록 구워준다.
4 미르포아 야채도 팬에서 갈색으로 충분이 볶아주고, 색을 낸 소뼈와 야채를 냄비에 넣는다.
5 냄비에 물 400ml를 붓고, 샐러리, 월계수잎, 정향, 통후추, 파슬리를 다시백에 담아 넣고 끓인다.
6 육수(stock)가 끓어오르면 불을 줄이고 기름과 거품을 제거하면서 약 불로 끓인다.
7 육수가 엷은 갈색이 되면 소창과 체를 이용하여 거른 후 볼에 담아 제출한다.

TIP

1 육수(stock)는 만들 때 소금 간을 하지 않는데, 이는 소스와 수프의 기본 육수로서 사용되기 때문이다.
2 소뼈와 야채의 색을 진한 갈색으로 내기 위해 태울 경우, 육수에서 쓴맛이 날 수 있으므로 주의해야 한다.
3 소뼈와 채소를 진한 갈색이 나도록 불 조절에 유의해야 한다.
4 스톡은 끓이면서 생기는 거품을 계속 걷어내야 맑은 스톡을 얻을 수 있다.

Italian Meat Sauce (이탈리안 미트 소스)

조리시간 : 30분

요구사항

주어진 재료를 사용하여 다음과 같이 이탈리안 미트 소스를 만드시오.

가 모든 재료는 다져서 사용하시오.

나 그릇에 담고 파슬리 다진 것을 뿌려내시오.

다 소스는 150mL 이상 제출하시오.

지급재료 목록

• Onion(양파)	1/2ea
• Ground Beef(소고기 갈은 것)	60g
• Garlic(마늘)	1ea
• Tomato Can(캔 토마토)	30g
• Butter(버터)	10g
• Tomato paste(토마토 페이스트)	30g
• Bay leaf(월계수잎)	1leaf
• Parsley(파슬리)	1stem
• Celery(샐러리)	30g
• Salt(소금)	2g
• Ground Black Pepper(검은후춧가루)	2g

조리방법

1 양파, 샐러리와 마늘은 곱게 다진다.
2 파슬리는 다져서 소창에 싸서 찬물에 헹구어 물기를 제거하여 가루를 만든다.
3 냄비에 버터를 두르고 마늘, 양파, 샐러리, 소고기(ground beef)를 넣고 볶다가 토마토 페이스트를 넣어 볶아준다.
4 토마토 홀, 육수(물)와 월계수 잎을 넣어 준 후 주걱으로 저어주면서 시머링(simmering) 한다.
5 소스의 농도가 걸쭉해지면 월계수잎을 건져내고 소금, 후추로 간을 하고 소스 볼에 담고 파슬리 가루를 뿌려 제출한다.

TIP

1 소스를 끓여주면서 표면에 뜨는 거품과 기름을 제거한다.
2 모든 재료를 같은 크기로 준비하고, 토마토 페이스트는 타지 않게 오래 볶아주어야 신맛을 제거할 수 있다.

Hollandaise Sauce (홀렌다이즈 소스)

조리시간 : 30분

요구사항

주어진 재료를 사용하여 다음과 같이 홀렌다이즈 소스를 만드시오.

가 양파, 식초를 이용하여 허브 에센스(herb essence)를 만들어 사용하시오.

나 정제 버터를 만들어 사용하시오.

다 소스는 중탕으로 만들어 굳지 않게 그릇에 담아내시오.

라 소스는 100mL 이상 제출하시오.

지급재료 목록

• Egg(달걀)	1ea
• Onion(양파)	1/8ea
• Vinegar(식초)	20ml
• Whole Black pepper(통후추)	3ea
• Butter(버터)	200g
• Lemon(레몬)	1/4ea
• Bay leaf(월계수잎)	1leaf
• Parsley(파슬리)	1stem
• Salt(소금)	2g
• Ground White Pepper(흰후춧가루)	1g

조리방법

1 냄비에 물을 끓여서 데운 후 버터를 용기에 담아 냄비 위에 놓고 중탕으로 녹여서 정제버터(clarified butter)를 만들며 표면에 뜬 거품을 제거한다.
2 냄비에 다진 양파, 으깬 후추(crushed pepper), 월계수잎, 파슬리, 식초, 물을 넣고 끓여서 반으로 졸여서 소창에 걸러서 향초국물을 만든다.
3 달걀은 흰자를 분리하여 노른자만을 믹싱볼에 담는다.
4 달걀노른자를 넣은 믹싱볼(mixing bowl)을 따뜻한 냄비 위에 올리고, 거품기로 시계방향으로 돌리면서 조금씩 정제버터를 넣어 주기를 반복한다. 여러 차례 반복하여 유화시킨다.
5 소스가 되직해지면 향초국물을 넣어 농도를 조절한다.
6 노란색의 소스가 완성되면 소금, 후추로 간을 하고, 레몬즙 약간을 짜 넣어 섞어주고 소스볼에 담아 제출한다.

TIP

1 정제 버터(clarified butter)는 60℃ 정도의 물에서 중탕하여 기름과 유지가 분리되도록 하고 유지 위에 기름만을 사용한다.
2 소스를 만들 때 믹싱볼 아래 냄비의 물의 온도가 75℃ 이상 높으면 달걀 노른자가 익게 되므로 너무 뜨겁지 않게 물 온도를 조절해야 하고, 온도가 너무 낮아도 노른자와 버터가 분리되어 실패할 수 있다.
3 홀렌다이즈 소스를 만들 때에는 모든 재료가 따뜻하게 준비해야 하고 보관도 웜(warm)으로 따뜻하게 보관해야 한다.
4 뜨겁게 만들었을 때보다 시간이 지나면서 걸쭉하게 되니 소스 농도에 주의해야 한다.

Brown Gravy Sauce (브라운 그래비 소스)

조리시간 : 30분

요구사항

주어진 재료를 사용하여 다음과 같이 브라운 그래비 소스를 만드시오.

가 브라운 루(brown roux)를 만들어 사용하시오.

나 채소와 토마토 페이스트를 볶아서 사용하시오.

다 소스의 양은 200mL 이상 제출하시오.

지급재료 목록

• Flour(중력밀가루)	20g
• Brown stock(브라운스톡)	300ml (물로 대체 가능)
• Salt(소금)	2g
• Ground Black Pepper(검은후춧가루)	1g
• Butter(버터)	30g
• Onion(양파)	1/6ea
• Carrot(당근)	40g
• Celery(샐러리)	20g
• Tomato paste(토마토 페이스트)	30g
• Bay leaf(월계수잎)	1leaf
• Clove(정향)	1ea

조리방법

1 양파, 당근, 샐러리는 채 썰어 냄비에 버터를 넣고 갈색이 되도록 볶는다.
2 냄비에 버터와 밀가루를 1:1 동량으로 넣고 갈색으로 볶아 브라운 루(brown roux)를 만든다.
3 브라운 루에 토마토 페이스트를 넣고 충분히 볶은 다음 육수(stock)를 붓고 루(Roux)를 풀어준다.
4 갈색으로 볶은 양파와 당근, 샐러리, 부케가르니(월계수잎, 정향)을 넣어 거품과 기름을 제거하면서 시머링(simmering) 한다.
5 농도가 걸쭉해지면 체에 거른 후 소금, 후추로 간을 하고 소스볼에 담아 제출한다.

TIP

1 브라운 소스(brown sauce)는 육류, 가금류 등의 주 요리에 주로 사용되는 기본 소스이다.
2 브라운 루(brown roux)는 갈색으로 볶아주는데 타지 않게 볶아 준다.
3 야채는 갈색이 되도록 충분히 볶아주고, 토마토 페이스트도 신맛을 없애기 위해 충분히 볶아주어야 소스의 깊은 맛이 난다.

Tartar Sauce(타르타르 소스)

조리시간 : 30분

요구사항

주어진 재료를 사용하여 다음과 같이 타르타르 소스를 만드시오.

가 다지는 재료는 0.2cm 크기로 하고 파슬리는 줄기를 제거하여 사용하시오.

나 소스는 농도를 잘 맞추어 100mL 이상 제출하시오.

지급재료 목록

- Mayonnaise(마요네즈) 70g
- Cucumber pickle(오이 피클) 1/2ea
- Onion(양파) 1/10ea
- Parsley(파슬리) 1stem
- Egg(달걀) 1ea
- Lemon(레몬) 1/4ea
- Vinegar(식초) 2ml
- Salt(소금) 2g
- Ground White Pepper (흰후춧가루) 2g

조리방법

1 달걀은 끓는 물에 12분 정도 완숙으로 삶아서 찬물에서 식힌 후 흰자와 노른자로 분리하여, 흰자는 0.2cm 크기로 잘게 다져 놓고 노른자는 체에 내린다.
2 양파와 오이피클도 0.2cm로 다지고, 파슬리는 곱게 다져서 소창에 싸서 물에 헹군 당군 물기를 제거하여 가루로 준비한다.
3 믹싱볼에 마요네즈를 넣고 다진 양파, 오이피클, 달걀흰자, 달걀노른자, 파슬리 가루, 레몬즙, 소금, 후추를 넣고 잘 섞는다.
4 달걀 노른자는 마지막에 넣어 색깔과 농도를 맞춘다.
5 그릇에 타르타르소스를 담고 파슬리 가루를 뿌려 제출한다.

TIP

1 타르타르소스는 생선요리 중에서도 주로 튀김 요리(생선튀김, 새우튀김)에 사용되는 소스이다.
2 다져서 준비한 재료와 미요네즈의 양을 적절히 혼합하여 소스의 농도를 조절하도록 한다.
3 맛을 더하기 위해서 피클 주스를 사용해도 좋다.

Thousand Island Dressing (사우전드 아일랜드 드레싱)

조리시간 : 20분

요구사항

주어진 재료를 사용하여 다음과 같이 사우전드 아일랜드 드레싱을 만드시오.

가 드레싱은 핑크빛이 되도록 하시오.

나 다지는 재료는 0.2cm 크기로 하시오.

다 드레싱은 농도를 잘 맞추어 100mL 이상 제출하시오.

지급재료 목록

• Mayonnaise(마요네즈)	70g
• Cucumber pickle(오이 피클)	1/2ea
• Onion(양파)	1/6ea
• Tomato ketchup(토마토케첩)	20g
• Lemon(레몬)	1/4ea
• Egg(달걀)	1ea
• Green Pimento(청피망)	1/4ea
• Salt(소금)	2g
• Ground White Pepper(흰후춧가루)	1g
• Vinegar(식초)	10ml

조리방법

1 달걀은 끓는 물에 12분 정도 완숙으로 삶아서 찬물에서 식힌다.
2 달걀 흰자와 노른자로 분리하여, 흰자는 0.2cm 크기로 잘게 다지고 노른자는 체에 내려놓는다.
3 양파, 청피망은 0.2cm 크기로 다져서 소창에 싸서 물에 헹구어 짜서 물기를 제거해 놓는다.
4 오이피클도 0.2cm 크기로 곱게 다져서 준비한다.
5 믹싱볼에 마요네즈와 토마토케첩을 섞어 소스의 색깔이 핑크빛이 되도록 조절하고 여기에 다진 양파, 청피망, 달걀 흰자, 달걀 노른자, 식초를 섞어주고 소금, 후추로 간을 한다.
6 소스의 농도는 레몬즙과 피클 주스로 조절한다.
7 그릇에 소스을 담아 제출한다.

TIP

1 'Thousand Island'는 소스의 표면이 마치 천개의 섬처럼 보인다고 해서 붙여진 명칭이라고 한다.
2 다져서 준비한 재료와 마요네즈, 케첩의 양을 적절히 혼합하여 소스의 농도를 조절하도록 한다.
3 맛을 더하기 위해서 피클 주스를 사용해도 좋다.

Chicken A La King (치킨 알 라 킹)

조리시간 : 30분

요구사항

주어진 재료를 사용하여 다음과 같이 치킨 알 라 킹을 만드시오.

가 완성된 닭고기와 채소, 버섯의 크기는 1.8cm×1.8cm로 균일하게 하시오.

나 닭뼈를 이용하여 치킨 육수를 만들어 사용하시오.

다 화이트 루(roux)를 이용하여 베샤멜소스(bechamel sauce)를 만들어 사용하시오.

지급재료 목록

- Chicken leg(닭다리) 1개 (허벅지살 포함)
- Green pimento(청피망) 1/4ea
- Red pimento(홍피망) 1/6ea
- Onion(양파) 1/6ea
- Mushroom(양송이) 2ea
- Butter(버터) 20g
- Flour(밀가루) 15g
- Milk(우유) 150ml
- Fresh cream(생크림) 20ml
- Bay leaf(월계수잎) 1leaf
- Clove(정향) 1ea
- Salt(소금) 2g
- White Pepper ground(흰후추) 2g

조리방법

1 닭고기는 깨끗이 손질하여 살을 발라낸 후 껍질을 제거하고 사방 2cm 크기로 자른다.
2 냄비에 닭뼈, 부케가르니(양파에 월계수과 정향을 꽂아 사용)를 넣고 은근하게 끓여 면포에 걸러 치킨스톡을 만들어 놓는다.
3 양송이는 껍질을 벗겨 웨지로 썰고, 청·홍 피망과 양파는 1.8cm 크기로 잘라 놓는다.
4 팬에 버터와 밀가루를 1:1 동량으로 볶아 화이트루(white roux)를 만들어 우유를 조금씩 부어가면서 베샤멜소스를 만든다.
5 팬에 버터를 두르고 닭살과 양파, 양송이, 피망을 살짝 볶아낸다.
6 소스에 닭고기, 양파, 양송이, 청·홍 피망을 넣고 끓이면서 스톡과 생크림으로 농도를 조절하고 거의 완성이 되면 간을 하여 담아낸다.

TIP

1 치킨 알라킹은 야채와 닭고기에 화이트 소스를 곁들인 요리로 왕이 즐겨 먹던 요리에서 유래되었다.
2 소스의 농도는 수프보다는 약간 걸쭉하게 한다.
3 버터와 밀가루를 볶을 때 색이 나지 않게 약한 불에서 볶아준다.

Chicken Cutlet(치킨 커틀렛)

조리시간 : 30분

요구사항

주어진 재료를 사용하여 다음과 같이 치킨 커틀렛을 만드시오.

가 닭은 껍질째 사용하시오.

나 완성된 커틀렛의 색에 유의하고 두께는 1cm로 하시오.

다 딥 팻 프라이(deep fat frying)로 하시오.

지급재료 목록

• Chicken leg(닭다리)	1ea
• Egg(달걀)	1ea
• Flour(밀가루)	30g
• Bread crumb(빵가루)	50g
• Salad oil(식용유)	500ml
• Salt(소금)	2g
• Ground Black Pepper(검은후춧가루)	2g
• Napkin(냅킨)	2piece

조리방법

1 닭 뼈를 제거하고 다릿살을 껍질째 발라내 0.7cm의 두께로 만든다.
2 닭고기에 칼집을 넣고 위에 비닐을 덮어 스테이크 망치로 두들겨 고르게 펴서 간을 한다.
3 달걀을 풀어 준비한다.
4 닭고기에 밀가루를 묻히고, 풀어놓은 달걀물에 담가서 건져내고, 빵가루를 고루 묻혀 입혀준다.
5 175℃의 튀김기름에 황금색 빛깔이 나도록 노릇노릇하고 바삭하게 튀긴다.
6 튀긴 닭고기의 기름을 냅킨에 빼준다.
7 접시에 튀긴 치킨 커틀렛을 담아 제출한다.

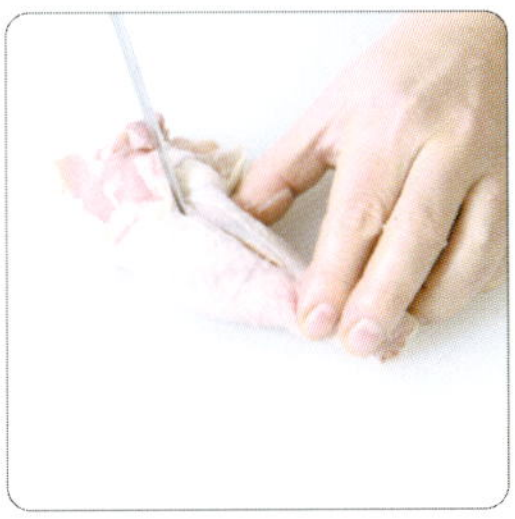

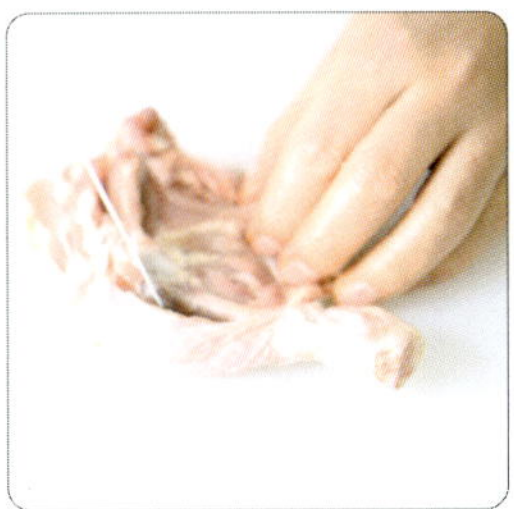

TIP

1 커틀렛(cutlet)은 고기를 얇게 포를 떠서 밑간을 하고 밀가루, 달걀, 빵가루 순서로 옷을 입혀 튀겨 내는 요리이다.
2 주로 소고기, 돼지고기, 닭고기 등이 커틀렛의 주재료로서 이용된다.
3 칼집을 고르게 넣어 모양이 일정하게 만들어야 한다.

Beef Stew (비프 스튜)

조리시간 : 30분

요구사항

주어진 재료를 사용하여 다음과 같이 비프 스튜를 만드시오.

가 완성된 소고기와 채소의 크기는 1.8cm의 정육면체로 하시오.

나 브라운 루(brown roux)를 만들어 사용하시오.

다 파슬리 다진 것을 뿌려 내시오.

지급재료 목록

• Beef(소고기)	100g
• Onion(양파)	1/4ea
• Carrot(당근)	70g
• Celery(샐러리)	30g
• Potato(감자)	1/3ea
• Garlic(마늘)	1ea
• Tomato paste(토마토 페이스트)	20g
• Flour(밀가루)	25g
• Butter(버터)	30g
• Parsley(파슬리)	1stem
• Bay leaf(월계수잎)	1leaf
• Clove(정향)	1ea
• Salt(소금)	2g
• Ground Black Pepper(검은후춧가루)	2g

조리방법

1 소고기는 사방 2cm의 정육면체로 썰어 소금, 후추로 간을 한 후 밀가루를 살짝 묻혀 놓는다.
2 양파, 당근, 샐러리, 감자는 1.8cm의 정육면체로 썰어 다듬고, 마늘 다지고, 파슬리는 다져서 소창에 싸서 찬물에 헹구어 물기를 제거한다.
3 팬에 버터를 넣고 마늘, 양파, 당근, 샐러리, 감자 순으로 볶아내고 쇠고기를 갈색이 나도록 굽는다.
4 냄비에 버터와 밀가루를 1:1 동량으로 갈색이 나도록 볶아 브라운 루(brown roux)를 만들고, 토마토 페이스트를 넣어 볶아준 후 육수를 조금씩 넣어가며 덩어리를 풀어주고, 부케가르니(월계수잎, 정향)를 넣어 은근하게 끓인다.
5 고기와 채소를 냄비에 넣고 거품과 기름을 제거하면서 시머링(simmering)한다.
6 농도가 어느 정도 걸쭉해지고 고기가 다 익으면 부케가르니를 건져내고 소금, 후추로 간을 한다.
7 그릇에 스튜를 담고 위에 파슬리 가루를 뿌려 제출한다.

TIP

1 루(roux)는 버터와 밀가루를 1:1 동량으로 하여 볶아주고, 색에 따라 화이트 루(white roux), 블론드 루(blond roux), 브라운 루(brown roux)로 구분된다.
2 스튜에 들어가는 야채의 크기를 일정하게 한다.
3 감자는 너무 익으면 으깨져 형태가 없어지므로 당근이 절반 정도 익었을 때 감자를 넣어준다.

Salisbury Steak (살리스버리 스테이크)

조리시간 : 30분

요구사항

주어진 재료를 사용하여 다음과 같이 살리스버리 스테이크를 만드시오.

가 살리스버리 스테이크는 타원형으로 만들어 고기 앞, 뒤의 색을 갈색으로 구우시오.

나 더운 채소(당근, 감자, 시금치)를 각각 모양 있게 만들어 곁들여 내시오.

지급재료 목록

- Ground beef(소고기 갈은 것) 130g
- Onion(양파) 1/6ea
- Egg(달걀) 1ea
- Milk(우유) 10ml
- Bread crumb(빵가루) 20g
- Salad oil(식용유) 150ml
- Potato(감자) 1/2ea
- Carrot(당근) 70g
- Spinach(시금치) 70g
- Sugar(설탕) 25g
- Butter(버터) 50g
- Salt(소금) 2g
- Ground Black Pepper(검은후춧가루) 2g

조리방법

1 감자는 가로세로 1cm×1cm 두께와 5cm 길이로 썰어 물에 담가놓고, 당근은 0.5cm 두께로 썰어 모서리를 다듬고 Vichy carrot 모양으로 한다.
2 양파와 마늘은 곱게 다져 볶아 놓는다(양파는 시금치용으로 조금 남겨둔다).
3 끓는 물에 소금으로 약하게 간을 하고 감자, 당근을 삶아내고 시금치 순으로 데쳐내어, 감자와 당근은 실온에 두고 시금치는 찬물에 헹구어 손으로 짜서 물기를 제거한다.
4 당근은 냄비에 버터, 설탕, 소금, 물을 넣고 글레이징(glazing)을 하여 윤기가 나게 조린다.
5 감자는 기름에 튀겨서 소금을 살짝 뿌리고, 시금치는 팬에 버터를 두르고 양파와 함께 볶아주면서 소금, 후추로 간을 한다.
6 믹싱볼에 소고기 간 것, 볶은 양파와 마늘, 풀은 달걀, 빵가루, 우유, 소금, 후추를 넣어 고루 섞어 끈기가 생길 때까지 치댄다.
7 고기반죽의 두께는 1.5cm, 길이 13cm, 폭 9cm 정도의 럭비공 모양으로 잘 눌러서 만들어준다.
8 팬에 식용유와 버터를 두르고 타원형 모양의 고기를 앞, 뒤로 갈색이 나게 구워주고 불을 줄여 은근하게 속까지 익혀준다.
9 접시에 더운 야채를 놓고 구운 고기를 중앙에 놓아 제출한다.

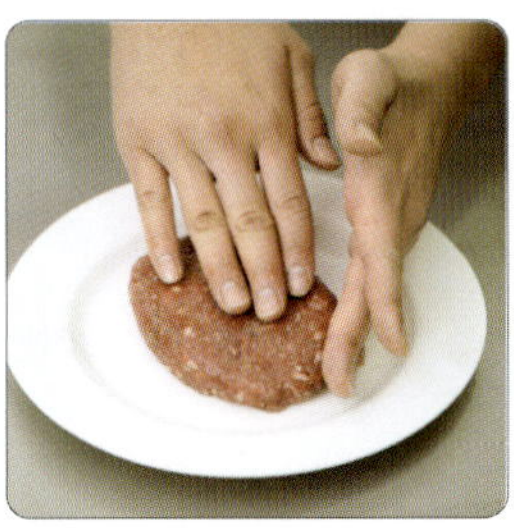

TIP

1 살리스버리는 의사였던 영국의 후작 이름에서 유래되었다. 햄버거 스테이크와 만드는 방법은 유사하다.
2 고기반죽을 오래 치대어야 구워도 모양이 그대로 유지된다.
3 감자는 끓는 물에 데쳐 튀겨내야 색이 고르게 난다.
4 당근 글레이즈는 버터, 설탕에 스톡을 넣고 졸여야 타지 않고 윤기 있게 만들 수 있다.

Sirloin Steak (서로인 스테이크)

조리시간 : 30분

요구사항

주어진 재료를 사용하여 다음과 같이 서로인 스테이크를 만드시오.

가 스테이크는 미디엄(medium)으로 구우시오.

나 더운 채소(당근, 감자, 시금치)를 각각 모양 있게 만들어 함께 내시오.

지급재료 목록

• Sirloin(소고기등심)	200g
• Potato(감자)	1/2ea
• Spinach(시금치)	70g
• Carrot(당근)	70g
• Onion(양파)	1/6ea
• Butter(버터)	50g
• Salad oil(식용유)	150ml
• Sugar(설탕)	25g
• Salt(소금)	2g
• Ground Black Pepper(검은후춧가루)	1g

조리방법

1 냄비에 소금을 넣고 야채 물을 올려놓는다.
2 등심을 손질하여 소금, 후추, 오일을 뿌려 마리네이드 한다.
3 감자는 가로세로 1cm×1cm 두께와 5cm 길이로 썰어 물에 담가 놓고, 당근은 0.5cm 두께로 잘라 모서리를 다듬고 Vichy carrot 모양으로 만든다.
4 양파는 곱게 다져놓는다.
5 끓는 물에 소금으로 약하게 간을 하고 감자, 당근은 삶아내고, 시금치는 데쳐내어 감자와 당근은 실온에 두고 시금치는 찬물에 헹구어 손으로 짜서 물기를 제거한다.
6 당근은 냄비에 버터, 설탕, 소금, 물을 넣고 글레이징(glazing)을 하여 윤기가 나게 조린다.
7 감자는 기름에 튀겨서 소금을 뿌려 간을 하고, 시금치는 팬에 버터를 두르고 다진 양파와 함께 볶아주면서 소금, 후추로 간을 한다.
8 팬에 식용유와 버터를 두르고 고기를 앞, 뒤로 갈색이 나게 미디엄(medium)으로 익혀준다.
9 접시에 더운 야채를 놓고 구운 등심을 중앙에 놓아 제출한다.

TIP

1 고기는 뜨겁게 달군 팬에 익혀야 색깔도 나도 육즙이 빠지는 것을 방지할 수 있다.
2 글레이징(glazing)은 버터와 설탕, 소금, 물을 넣고 윤기가 나도록 조리는 조리법이다.
3 감자는 끓는 물에 데쳐 튀겨내야 색이 고르게 난다.
4 당근 글레이즈는 버터, 설탕에 스톡을 넣고 졸여야 타지 않고 윤기 있게 만들 수 있다.

Barbecued Pork Chop (바비큐 폭첩)

조리시간 : 30분

요구사항

주어진 재료를 사용하여 다음과 같이 바비큐 폭첩을 만드시오.

가 고기는 뼈가 붙은 채로 사용하고 고기의 두께는 1cm로 하시오.

나 양파, 셀러리, 마늘은 다져 소스로 만드시오.

다 완성된 소스는 농도에 유의하고 윤기가 나도록 하시오.

지급재료 목록

- Pork Ribs(돼지갈비) 200g
- Tomato ketchup(토마토케첩) 30g
- Worcestershire sauce(우스터소스) 5ml
- Brown sugar(황설탕) 10g
- Onion(양파) 1/4ea
- Celery(셀러리) 30g
- Hot sauce(핫소스) 5ml
- Butter(버터) 10g
- Vinegar(식초) 10ml
- Bay leaf(월계수잎) 1leaf
- Lemon(레몬) 1/6ea
- Flour(밀가루) 10g
- Garlic(마늘) 1ea
- Beef stock(소고기 육수) 200ml(물로 대체 가능)
- Salad oil(식용유) 30ml
- Salt(소금) 2g
- Ground Black Pepper(검은후춧가루) 2g

조리방법

1 돼지갈비는 기름부분은 제거하고 뼈에 살을 붙여서 고기를 1cm 두께로 고르게 펴 준다.
2 돼지고기에 잔 칼집을 넣어주고 소금, 후추를 뿌려 밑간을 한다.
3 마늘, 양파, 샐러리는 0.2cm 정도로 곱게 다진다.
4 돼지갈비 양족에 밀가루를 묻히고 팬에 식용유와 버터를 두르고 뒤집어 가며 노릇하게 굽는다.
5 팬에 버터를 넣어 가열하고 다진 마늘, 양파, 샐러리 순으로 넣어 볶고 식초와 황설탕을 첨가하여 졸인 다음 토마토케첩을 넣어 볶는다.
6 여기에 우스터소스, 핫소스, 월계수잎, 레몬즙, 물을 넣어 잠시 끓인다.
7 만들어 놓은 소스에 돼지고기를 넣고 익을 때까지 뒤집어 주면서 끓여준다.
8 고기가 익으면 월계수잎을 건져내고 소금, 후추로 간을 한다.
9 접시에 바비큐 폭첩을 가지런히 놓고 소스를 보기 좋게 뿌려서 제출한다.

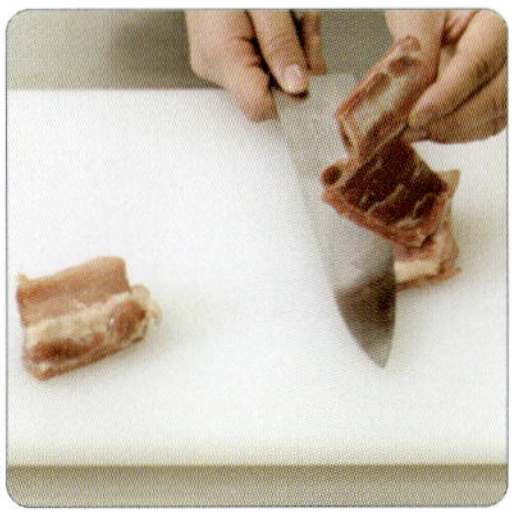

TIP

1 돼지고기이므로 완전히 익혀야 하고, 고기를 구울 때는 센 불에서 구워야 육즙이 빠져나오지 않는다.
2 바비큐 소스는 새콤 매콤 달콤하게 만든다.
3 소스 농도가 약간 걸쭉해야 하며, 겉물이 흐르지 않아야 한다.

Beef Consomme (비프 콘소메)

조리시간 : 40분

요구사항

주어진 재료를 사용하여 다음과 같이 비프 콘소메를 만드시오.

가 어니언 브루리(onion brulee)를 만들어 사용하시오.

나 양파를 포함한 채소는 채 썰어 향신료, 소고기, 달걀흰자 머랭과 함께 섞어 사용하시오.

다 수프는 맑고 갈색이 되도록 하여 200mL 이상 제출하시오.

지급재료 목록

• Beef ground(소고기 살코기 갈은 것)	70g
• Onion(양파)	1ea
• Carrot(당근)	40g
• Celery(샐러리)	30g
• Egg(달걀)	1ea
• Salt(소금)	2g
• Ground Black pepper (검은 후춧가루)	2g
• whole Black Pepper (통후추)	1ea
• Parsley(파슬리)	1stem
• Bay leaf(월계수잎)	1leaf
• Tomato(토마토)	1/4ea
• Clove(정향)	1ea
• Beef stock(소고기 육수)	500ml (물로 대체 가능)

조리방법

1 양파를 1cm 두께로 슬라이스 하여 팬에 열을 가한 후 기름은 사용하지 않고 양파를 Onion brulee를 만든다.
2 양파와 당근, 샐러리는 얇게 슬라이스 하고, 토마토는 껍질과 씨를 제거하여 슬라이스 한다.
3 믹싱볼에 달걀흰자를 넣고 거품기를 이용하여 최고 부피가 될 때까지 머랭을 만든다.
4 냄비에 슬라이스한 채소, 소고기, 향신료와 머랭을 혼합하는 과정에 거품이 죽지 않게 섞어준다.
5 냄비에 육수나 물을 붓고 머랭에 채소와 소고기를 혼합한 것을 넣어 준다.
6 끓어오르기 전까지 나무주걱으로 계속 저어주고 끓기 시작하면 불을 약하게 줄여준다.
7 가운데 부분을 구멍을 내어 이물질을 제거해 주고 Onion brulee 올리고 시머링(simmering)한다.
8 국물이 맑고 투명하게 되면 체와 소창을 이용하여 걸러주고 소금, 흰후추로 간을 하여 수프 볼에 담아 제출한다.

TIP

1 콘소메(consomme)는 대표적인 맑은 수프(clear soup)로 맑은 국물을 만들기 위해서는 달걀 흰자를 충분히 휘핑하여 재료와 함께 잘 섞어준 다음 끓여주는 것이 중요하다.
2 달걀흰자는 국물에서 나오는 지저분한 이물질을 흡수하여 제거하는 역할을 한다. 또한 달걀 흰자와 뭉처진 채소가 깨지지 않아야 맑은 콘소메 수프를 만들 수 있다.
3 양파를 진한 갈색이 나도록 구워야 갈색의 콘소메를 만들 수 있다.
4 맑고 갈색이 나도록 처음 센불에서 중불로 끓어오르면 약불로 끓여야 한다.

Minestrone Soup (미네스트로니 수프)

조리시간 : 30분

요구사항

주어진 재료를 사용하여 다음과 같이 미네스트로니 수프를 만드시오.

가 채소는 사방 1.2cm, 두께 0.2cm로 써시오.

나 스트링빈스, 스파게티는 1.2cm의 길이로 써시오.

다 국물과 고형물의 비율을 3:1로 하시오.

라 전체 수프의 양은 200mL 이상으로 하고 파슬리 가루를 뿌려내시오.

지급재료 목록

• Onion(양파)	1/4ea
• Celery(샐러리)	30g
• Carrot(당근)	40g
• Turnip(무)	10g
• Cabbage(양배추)	40g
• Butter(버터)	5g
• String beans(스트링빈스)	2stem
• Green beans(완두콩)	5ea
• Tomato(토마토)	1/8ea
• Spaghetti(스파게티)	2piece
• Tomato paste(토마토 페이스트)	15g
• Parsley(파슬리)	1stem
• Bacon(베이컨)	1/2piece
• Garlic(마늘)	1ea
• Salt(소금)	2g
• Ground Black Pepper (검은후춧가루)	2g
• Chickin stock(치킨 스톡)	200ml (물로 대체 가능)
• Bay leaf(월계수잎)	1leaf
• Clove(정향)	1ea

조리방법

1 스파게티는 끓는 물에 넣어 약 10분 정도 삶아낸다.
2 마늘은 다지고, 파슬리는 곱게 다져 소창에 싸서 물에 헹궈 물기를 제거해 둔다.
3 양파, 샐러리, 당근, 양배추, 무는 가로 세로 1.2cm×1.2cm, 두께는 0.2cm로 썰어 놓는다.
4 베이컨은 1.2cm×1.2cm로 썰어 물에 데쳐서 기름기를 제거한다.
5 토마토는 껍질과 씨를 제거하고 야채 크기로 자르고, 삶아 둔 스파게티는 1.2cm로 자른다.
6 냄비에 버터, 마늘, 베이컨을 볶다가 단단한 야채 순으로 넣어 볶은 다음 토마토 페이스트를 넣고 약 불에서 볶아주다가 육수(물)와 부케가르니(월계수 잎, 정향, 파슬리 줄기)를 넣고 거품과 기름을 걷어 내면서 끓인다.
7 스파게티와 빈스(줄기콩, 완두콩)를 넣어 다시 한 번 끓여 주고 부케가르니를 건져내고 소금, 후추로 간을 한다.
8 수프를 그릇에 담고 파슬리 가루를 뿌려 제출한다.

TIP

1 미네스트로니(minestrone)는 이태리의 대표적인 야채수프로 토마토를 비롯한 각종 야채와 스파게티가 들어가는 수프이다.
2 야채의 크기를 일정하게 자르고, 수프를 끓이면서 거품을 제거해야 풍미가 좋아진다.
3 수프의 농도는 냄비에 끓일 때보다 접시에 담으면 약간 걸쭉해지기 때문에 농도에 주의해야 한다.
4 수프를 끓일 때에 생기는 거품은 걷어내야 한다.

Fish Chowder Soup (피시 차우더 수프)

조리시간 : 30분

요구사항

주어진 재료를 사용하여 다음과 같이 피시 차우더 수프를 만드시오.

가 차우더 수프는 화이트 루(roux)를 이용하여 농도를 맞추시오.

나 채소는 0.7cm×0.7cm×0.1cm, 생선은 1cm×1cm×1cm 크기로 써시오.

다 대구살을 이용하여 생선스톡을 만들어 사용하시오.

라 수프는 200mL 이상 제출하시오.

지급재료 목록

- Cod fish(대구살) 50g
- Potato(감자) 1/4ea
- Bacon(베이컨) 1/2 piece
- Onion(양파) 1/6ea
- Celery(샐러리) 30g
- Butter(버터) 20g
- Flour(중력분) 15g
- Milk(우유) 200ml
- Salt(소금) 2g
- Ground White Pepper(흰후춧가루) 2g
- Clove(정향) 1ea
- Bay leaf(월계수잎) 1leaf

조리방법

1 생선살은 사방 1.2cm 크기로 잘라서 냄비에 찬물 2~3컵을 붓고 생선살을 넣고 익힌 후 건져내어 두고, 국물은 걸러서 생선육수로 사용한다.
2 양파, 감자와 샐러리는 0.7cm×0.7cm×0.1cm로 썰고 감자는 갈변 예방을 위해 물에 담가 놓는다.
3 팬에 버터를 두르고 양파, 샐러리, 감자 순으로 살짝 볶아낸다.
4 베이컨은 1cm 크기로 썰어 끓는 물에 살짝 데쳐서 기름기를 제거한다.
5 냄비에 버터와 밀가루 동량을 넣고 약한 불에서 볶아 화이트 루(white roux)를 만든다.
6 루(roux)에 생선육수를 조금씩 넣어가며 덩어리가 생기지 않도록 풀어 주며 월계수잎과 정향을 넣고 끓여준다.
(몽우리가 풀어지지 않을 때는 체에 내려서 풀어 주고 다시 끓인다.)
7 농도가 생기면 데친 베이컨과 볶아 놓았던 양파, 샐러리, 감자를 순서대로 넣고 끓이다가 우유를 넣고 은근히 끓인다.
8 월계수잎과 정향을 꺼내고, 생선살을 넣고 소금, 흰 후추로 간을 한 후 수프 볼에 담아낸다.

TIP

1 화이트 루(white roux)는 버터와 밀가루의 비율을 1:1로 하여 볶는다.(갈색이 되지 않도록 약간만 볶아준다.)
2 감자는 쉽게 부서지기 때문에 다른 채소를 먼저 넣어준 다음 마지막에 감자를 넣어 익혀주고, 생선살은 익혀 놓았던 상태이기 때문에 부서지기 쉬우므로 맨 마지막에 넣고 나무주걱으로 부드럽게 저어주면서 한 번 끓으면 간을 하여 마무리한다.
3 차우더 수프(chowder soup)는 주로 해산물을 주재료로 하여 걸쭉하게 끓인 미국풍의 수프이다.
4 루(roux)는 살짝 볶아 갈색이 나지 않아야 한다.

French Fried Shrimp(프랜치 프라이드 쉬림프)

조리시간 : 25분

요구사항

주어진 재료를 사용하여 다음과 같이 프랜치 프라이드 쉬림프를 만드시오.

가 새우는 꼬리 쪽에서 1마디 정도 껍질을 남겨 구부러지지 않게 튀기시오.

나 달걀흰자를 분리하여 거품을 내어 튀김반죽에 사용하시오.

다 새우튀김은 4개를 제출하시오.

라 레몬과 파슬리를 곁들이시오.

지급재료 목록

• Shrimp(새우)	4Mi
• Flour(중력밀가루)	80g
• Sugar(설탕)	2g
• Egg(달걀)	1ea
• Lemon(레몬)	1/6ea
• Parsley(파슬리)	1stem
• Salad oil(식용유)	500ml
• Salt(소금)	2g
• Ground White Pepper(흰후춧가루)	2g
• Napkin(냅킨)	2piece
• Toothpick(이쑤시개)	1ea

조리방법

1 파슬리는 깨끗하게 씻어 찬물에 담가 싱싱하게 한다.
2 새우는 머리를 제거하고 이쑤시개를 이용해 내장을 제거한 후 꼬리 쪽 1마디를 제외하고 껍질을 제거한다.
3 새우를 튀길 때 구부러지지 않도록 배 쪽에 칼집을 넣어 일자로 만든 후 소금, 후추 간을 한다.
4 믹싱볼에 달걀흰자를 넣고 거품기로 최대 부피까지 거품을 만든다.
5 밀가루, 달걀노른자, 찬물, 설탕, 소금, 후추를 섞어 먼저 반죽을 한 후 거품을 낸 달걀흰자를 마지막에 2~3스푼 넣어 다시 한 번 섞어서 반죽을 완성한다.
6 새우에 밀가루를 묻히고 튀김옷을 입혀서 175℃ 온도의 기름에서 새우를 튀긴다.
7 튀긴 새우는 냅킨에 옮겨 기름을 뺀 후 꼬리 부분을 한데 모아 접시의 중앙에 담아주고 레몬과 파슬리로 장식하여 제출한다.

TIP

1 튀김을 바삭하게 튀기기 위해서는 박력분 밀가루를 사용하는 것이 좋고 얼음물로 반죽하는 것이 좋다.
2 튀김 반죽의 농도에 주의해야 하고 기름의 온도 확인을 위해서는 반죽을 먼저 떨어뜨려 본다.
3 새우의 꼬리침은 제거해야 튀길 때 터지지 않는다.
4 새우의 꼬리를 1마디 남겨 살 쪽으로 튀김반죽으로 덮는다.

French Onion Soup (프렌치 어니언 수프)

조리시간 : 30분

요구사항

주어진 재료를 사용하여 다음과 같이 프렌치 어니언 수프를 만드시오.

가 양파는 5cm 크기의 길이로 일정하게 써시오.

나 바게트빵에 마늘버터를 발라 구워서 따로 담아내시오.

다 수프의 양은 200mL 이상 제출하시오.

지급재료 목록

- Onion(양파) 1ea
- Baguette(바게트빵) 1pc
- Butter(버터) 20g
- Salt(소금) 2g
- Ground Black Pepper(검은후춧가루) 1g
- Ground Parmesan cheese(파마산 치즈가루) 10g
- White wine(백포도주) 15ml
- Garlic(마늘) 1ea
- Parsly(파슬리) 1stem
- Beef stock(맑은 스톡, 물로 대체 가능) 270ml

조리방법

1 양파는 양파의 결 방향으로 아주 얇게 슬라이스 한다.
2 냄비에 버터를 약간 두르고 녹으면 얇게 슬라이스 한 양파를 넣고 중불에서 갈색이 날 때까지 충분히 볶아준다.
3 양파를 볶는 과정에서 냄비에 양파가 눌러 붙게 되는데, 이때 와인 약간씩 넣어주면서 볶아주면 더 좋은 갈색 양파가 된다.
4 볶아준 양파에 소고기 육수를 넣고 끓이면서 떠오르는 불순물을 제거하고 소금, 후추로 간을 한다.

- **마늘빵 만들기**
  1 마늘은 잘 다져서 중탕으로 녹인 버터와 잘 섞어 마늘 버터를 만든다.
  2 0.5cm 두께로 썰은 바게트빵의 한 면에 마늘 버터를 잘 펴서 바르고, 팬에 양면을 굽고 마늘 버터를 바른쪽에 파마산 치즈를 뿌려 마늘빵을 완성한다.
  3 파슬리는 잎만을 떼어 곱게 다져서 소창에 싸서 물에 헹군 다음 물기를 제거하여 파슬리 가루를 만들어 마늘빵에 뿌려준다.
- **완성**
  수프볼에 오니언 수프를 담고 마늘빵은 따로 제출한다.

TIP

1 양파를 갈색이 나도록 볶는 과정에서 불을 세게 하여 짧은 시간에 볶고자 할 경우, 양파를 태우기 쉽다.(이럴 경우 수프에서 탄 맛이 난다.) 중불에서 서서히 볶아주면서 냄비 바닥에 달라붙을 때 와인이나 물을 조금씩 첨가하면서 갈색으로 색을 내주는 것이 바람직하다.
2 자격증 시험이 아닌 실제 레스토랑에서는 바게트 빵이 수프의 수분을 흡수하여 양이 줄어들기 때문에 고객에게 제공하기 전에 수프에 올려 제공한다.

Potato Cream Soup (포테이토 크림 수프)

조리시간 : 30분

요구사항

주어진 재료를 사용하여 다음과 같이 포테이토 크림 수프를 만드시오.

가 크루톤(crouton)의 크기는 사방 0.8cm~1cm로 만들어 버터에 볶아 수프에 띄우시오.

나 익힌 감자는 체에 내려 사용하시오.

다 수프의 색과 농도에 유의하고 200mL 이상 제출하시오.

지급재료 목록

• Potato(감자)	1ea
• Leek(대파 흰부분)	1piece(10cm)
• Onion(양파)	1/4ea
• Butter(버터)	15g
• Chicken Stock(닭육수)	270ml (물로 대체 가능)
• Fresh Cream(생크림)	20g
• Sliced Bread(식빵)	1piece
• Bay leaf(월계수잎)	1leaf
• Salt(소금)	2g
• Ground White Pepper(흰후춧가루)	1g

조리방법

1 감자는 껍질을 벗겨서 얇게 채 썰어 찬물에 담가 갈변이 되지 않도록 한다.
2 양파와 대파의 흰 부분은 얇게 썬다.
3 냄비에 버터를 두르고 준비해 놓은 양파, 대파를 색이 나지 않도록 볶다가 감자를 넣어 볶아 준 후, 육수를 붓고 월계수 잎을 넣고 감자가 푹 익을 때까지 끓인다.
4 감자가 푹 익으면 월계수잎을 건져내고 체에 내린 후 냄비에 담아 농도를 조절하면서 소금, 후추로 간을 하고 생크림을 넣은 다음 살짝 끓인다.
5 수프를 그릇에 담고 크루통을 띄워 제출한다.

크루통(cruton) 만들기

식빵은 사방 0.7cm 크기로 자르고 팬에서 색이 나도록 볶아 크루통(cruton)을 만든다.

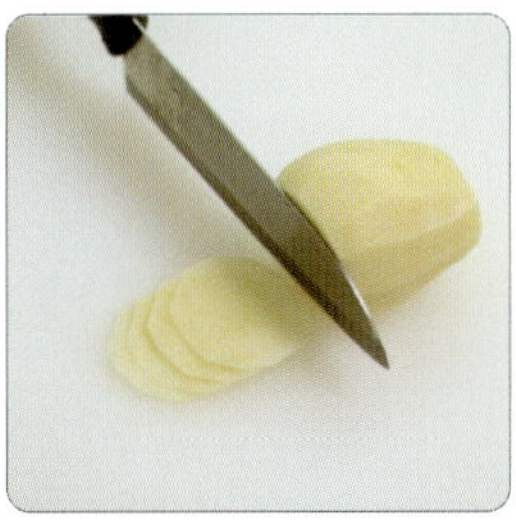

TIP

1 감자는 얇게 채 썰어야 빨리 익고 체에 내리기 쉽다.
2 수프를 그릇에 담고 너무 빨리 크루통을 얹을 경우 크루통이 수프를 빨아들여 커지므로 제출하기 바로 전에 띄운다.
3 수프의 농도는 냄비에 끓일 때보다 접시에 담으면 약간 걸쭉해지기 때문에 농도에 주의해야 한다.
4 수프를 끓일 때 생기는 거품은 걷어내야 한다.
5 크루통은 3~5개 정도가 적당하다.

Tuna Tartar (참치 타르타르)

조리시간 : 30분

요구사항

주어진 재료를 사용하여 다음과 같이 참치 타르타르를 만드시오.

가 참치는 꽃소금을 사용하여 해동하고, 3~4mm의 작은 주사위 모양으로 썰어 양파, 그린올리브, 케이퍼, 처빌 등을 이용하여 타르타르를 만드시오.

나 채소를 이용하여 샐러드부케를 만들어 곁들이시오.

다 참치 타르타르는 테이블스푼 2개를 사용하여 퀜넬(quenelle) 형태로 3개를 만드시오.

라 채소 비네그레트는 양파, 붉은색과 노란색의 파프리카, 오이를 가로세로 2mm의 작은 주사위 모양으로 썰어서 사용하고, 파슬리와 딜은 다져서 사용하시오.

지급재료 목록

Red Tuna(붉은색 참치살)	80g
Onion(양파)	1/8ea
Green olive(그린 올리브)	2ea
Caper(케이퍼)	5ea
Olive oil(올리브 오일)	25ml
Lemon(레몬)	1/4ea
Hot sauce(핫소스)	5ml
Chervil(처빌)	2stem
Chive(차이브)	5stem
Lollorossa(롤라로사)	2leaf
Green chicory(그린 치커리)	2stem
Red Paprika(붉은 파프리카)	1/4ea
Yellow Paprika(150G)	1/8ea
Cucumber(오이)	1/10ea
Parsley(파슬리)	1stem
Dill(딜)	3stem
Vinegar(식초)	10ml
Salt(소금)	5g
Pepper(후추)	3g

지참준비물

- 테이블 스푼 — 2ea
- 넬용, 머릿부분 — 가로 6cm, 세로(폭) 3.5~4cm정도

조리방법

참치 타르타르 만들기

1 냉동 참치는 연한 소금물을 만들어 잠시 담가 살짝 해동시킨다.
2 살짝 해동시킨 참치는 물기를 제거하고 부르노아즈(brunoise) 사이즈로 자른 후 깨끗한 면보에 싸서 핏물을 제거한다.
3 믹싱볼에 다져서 준비한 양파, 그린올리브, 케이퍼, 처빌과 핏물을 제거한 참치를 합친다.
4 레몬즙, 올리브 오일, 핫소스, 소금, 후춧가루를 넣고 고루 섞어 타르타르를 마무리한다.

샐러드부케 만들기

1 롤라로사, 그린치커리, 차이브는 찬물에 담가 싱싱하게 살려놓는다.
2 차이브를 데쳐 부케 고정용으로 사용한다.
3 붉은 파프리카의 일부는 가늘고 얇게 몇 조각의 채를 썬다.
4 찬물에 담가 두었던 야채의 물기를 제거하고 파프리카와 함께 샐러드부케를 완성하여 데친 차이브로 샐러드부케를 만든다.

채소 비네그레트 만들기

1 양파, 파프리카 두 가지, 오이는 가로세로 2mm 정도의 작은 사이즈로 썰고 파슬리와 딜은 다져서 준비한다.
2 믹싱볼에 준비한 야채와 올리브오일, 식초, 소금, 후춧가루를 섞어 비네그래트를 완성한다.

완성

1 접시 상단에 샐러드부케를 놓고 스푼 2개를 이용하여 럭비공 모양(퀀넬)으로 모양을 잡아주고, 접시에 돌려가며 3개를 만들어 가지런히 놓는다.
2 채소 비네그레트를 만들어 참지타르타르와 샐러드부케에 조금씩 뿌려준다.

TIP

1 타르타르는 전통적으로 소고기나 생선 등을 익히지 않은 상태로 야채와 함께 조미하여 만들어지는 전채요리이다.
2 Quenelle(퀀넬) : 스푼 2개를 이용하여 마치 럭비공처럼 모양을 잡아주는 것을 말하는데 밖에서 안쪽으로 말아주듯이 만들어 준다.
3 썰은 참치에 레몬주스는 약간만 첨가해야 색이 변하지 않는다.
4 시험장에서 샐러드부케는 오이가 잘라져 등분되어 나오기 때문에 차이브로 만들어야 한다.

Seafood Salad (해산물 샐러드)

조리시간 : 30분

요구사항

주어진 재료를 사용하여 다음과 같이 해산물 샐러드를 만드시오.

가 미르포아(mirepoix), 향신료, 레몬을 이용하여 쿠르부용(court bouillon)을 만드시오.

나 해산물은 손질하여 쿠르부용(court bouillon)에 데쳐 사용하시오.

다 샐러드 채소는 깨끗이 손질하여 싱싱하게 하시오.

라 레몬 비네그레트는 양파, 레몬즙, 올리브 오일 등을 사용하여 만드시오.

지급재료 목록

- Shrimp(새우) 3Mi
- Scallop(관자) 1ea
- Mussel(홍합) 3ea
- Clam(중합) 3ea
- Onion(양파) 1/4ea
- Garlic(마늘) 1ea
- Spring onion(실파) 20g
- Green chicory(그린치커리) 2stem
- Lettuce(양상추) 10g
- Lollorossa(롤라로사) 2leaf
- Olive oil(올리브오일) 20ml
- Lemon(레몬) 1/4ea
- Vinegar(식초) 10ml
- Dill(딜) 2stem
- Bay leaf(월계수잎) 1leaf
- Celery(샐러리) 10g
- Whole White pepper(통흰후추) 3ea
- Salt(소금) 5g
- Ground White Pepper(흰후춧가루) 5g
- Carrot(당근) 15g

조리방법

1 채소(그린치커리, 양상추, 롤라로사)는 찬물에 담가 싱싱하게 만들어 놓는다.
2 쿠르부용(court bouillon)에 사용할 미르포아(양파, 당근, 샐러리)와 마늘은 슬라이스한다.
3 냄비에 물을 붓고 썰어놓은 미르포아와 마늘, 월계수 잎, 통후추, 레몬 웨지(wedge) 1쪽을 넣고 끓여 쿠르부용을 만든다.
4 홍합과 조개는 소금물에서 해감시킨 후 쿠르부용에 삶아 건져내어 홍합살과 조갯살을 발라낸다.
5 관자는 막을 제거하고 0.3cm 두께로 원형 모양을 살려서 썰어 잠깐 삶아 꺼내어 식힌다.
6 새우는 삶아 찬물에 바로 식혀서 꼬리 한마디만 남기고 껍질을 벗기고 내장을 제거한다.
7 찬물에 담가 두었던 채소를 적당한 크기로 손으로 떼어 물기를 제거해 놓는다.
8 그릇에 레몬즙, 다진 양파와 딜, 올리브오일, 식초, 소금, 후추를 섞어 레몬 비네그레트를 만든다.
9 믹싱볼에 데친 해산물과 레몬 비네그레트를 넣고 버무려준다.
10 접시에 해산물 샐러드를 담고 레몬 비네그레트를 보기 좋게 뿌려서 완성한다.

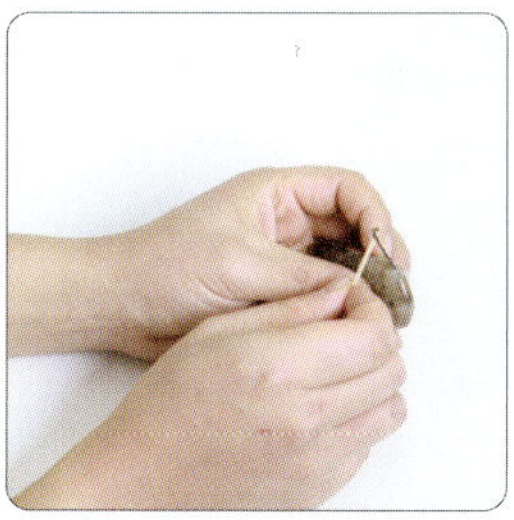

TIP

1 쿠르부용(court bouillon)은 생선이나 해산물을 데치거나 삶을 때 사용하기 위한 조리용 육수로서 미르포아 야채, 향신료, 와인, 식초와 함께 물을 넣고 끓여서 준비한다. 생선 및 해산물의 비린내 제거와 함께 풍미를 좋게 하는 역할을 한다.
2 해산물은 너무 삶아서 수축되지 않도록 주의한다.

Spaghetti Carbonara (스파게티 카르보나라)

조리시간 : 30분

요구사항

주어진 재료를 사용하여 다음과 같이 스파게티 카르보나라를 만드시오.

가 스파게티 면은 알 덴테(al dente)로 삶아서 사용하시오.

나 파슬리는 다지고 통후추는 곱게 으깨서 사용하시오.

다 베이컨은 1cm 정도 크기로 썰어, 으깬 통후추와 볶아서 향이 잘 우러나게 하시오.

라 생크림은 달걀노른자를 이용한 리에종(liaison)과 소스에 사용하시오.

지급재료 목록

• Spaghetti(스파게티면)	80g
• Olive Oil(올리브오일)	20ml
• Butter(버터)	20g
• Fresh Cream(생크림)	180ml
• Bacon(베이컨)	1piece
• Egg(달걀)	1ea
• Parmesan Cheese Powder(파마산 치즈가루)	10g
• Parsley(파슬리)	1stem
• Salt(소금)	5g
• Whole Black Pepper(검은통후추)	5g
• Salad Oil(식용유)	20ml

조리방법

1 스파게티면은 끓는 물에 8~9분 정도 알 덴테로 삶아놓는다.
2 파슬리는 곱게 다져 찬물에 헹구어 준비한다.
3 통후추는 밀대나 병으로 눌러 으깨놓고, 베이컨은 1cm 정도 크기의 주사위 모양으로 썰어 준비한다.
4 팬에 생크림과 달걀노른자를 넣고 리에종을 만들어 준비하고, 크림을 더 첨가한 뒤 파마산치즈를 넣어 준비한다.
5 프라이팬에 버터나 식용유를 두르고 베이컨과 으깬 통후추를 넣고 볶는다.
6 삶아놓은 스파게티를 ⑤에 넣고 볶아낸다.
7 만들어 놓은 리에종 소스를 넣고 볶아낸다.
8 접시에 담고 파마산치즈 가루와 다진 파슬리를 뿌려 완성한다.

TIP

1 스파게티를 삶을 때 소금을 조금 넣고 삶는다.
2 리에종을 만들 때 달걀노른자는 중불에서 만들어야 매끄러운 소스가 생성된다.
3 으깬 통후추를 너무 많이 넣지 않는다.

Seafood Spaghetti Tomato Sauce(토마토 소스 해산물 스파게티)

조리시간 : 30분

요구사항

주어진 재료를 사용하여 다음과 같이 토마토 소스 해산물 스파게티를 만드시오.

가 스파게티 면은 알 덴테(al dente)로 삶아서 사용하시오.

나 조개는 껍질째, 새우는 껍질을 벗겨 내장을 제거하고, 관자살은 편으로 썰고, 오징어는 0.8cmx5cm 크기로 썰어 사용하시오.

다 해산물은 화이트와인을 사용하여 조리하고, 마늘과 양파는 해산물 조리와 토마토 소스 조리에 나누어 사용하시오.

라 바질을 넣은 토마토 소스를 만들어 사용하시오.

지급재료 목록

- Spaghetti(스파게티면) 70g
- Tomato Can(토마토캔) 300g
- Garlic(마늘) 3ea
- Onion(양파) 1/2ea
- Basil(바질) 4leaf
- Parsley(파슬리) 1stem
- Cherry Tomato(방울토마토) 2ea
- Olive Oil(올리브오일) 40ml
- Shrimp(새우) 3Mi
- Clam(모시조개) 3ea
- Squid(오징어) 50g
- Scallop(관자살) 1ea
- White wine(화이트와인) 20ml
- Salt(소금) 5g
- Ground White Pepper(흰후춧가루) 5g
- Salad Oil(식용유) 20ml

조리방법

1 스파게티면은 끓는물에 8~9분정도 알 덴테로 삶아놓는다.
2 새우는 껍질을 벗겨 내장을 제거하고, 관자살은 편으로 썰어 준비한다.
3 오징어는 0.8×5cm 정도 크기로 썰어 사용한다.
4 조개는 껍질째 사용하며, 준비한 해산물은 화이트와인을 사용한다.
5 마늘과 양파를 모두 다져 준비하고, 해산물을 조리할 때와 토마토 소스 조리할 때 적절하게 나누어 사용하며, 바질은 슬라이스한다.
6 프라이팬에 버터, 양파, 마늘을 넣고 볶다가 준비한 해산물을 넣고 화이트와인으로 익혀낸다.
7 토마토, 마늘, 양파를 넣고 스파게티 토마토소스를 만들고, 버무리기 전에 다진 파슬리와 슬라이스한 바질을 넣는다.
8 ⑥에 삶은 면을 넣고 볶고, 만들어 놓은 토마토 소스를 넣고 버무린다.
9 접시에 담고 다진 파슬리와 슬라이스 바질을 올린다.

TIP

1 스파게티를 삶을 때 소금을 조금 넣고 삶는다.
2 해산물을 익힐 때 껍질이 있는 조개를 먼저 넣고, 익히는 중간에 나머지 해산물을 넣는다.
3 토마토 소스 농도에 주의한다.
4 소스와 면이 잘 어우러지게 버무려야 한다.

Caesar Salad (시저 샐러드)

조리시간 : 35분

요구사항

주어진 재료를 사용하여 다음과 같이 시저 샐러드를 만드시오.

가 마요네즈(100g 이상), 시저 드레싱(100g 이상), 시저 샐러드(전량)를 만들어 3가지를 각각 별도의 그릇에 담아 제출하시오.

나 마요네즈(mayonnaise)는 달걀노른자, 카놀라오일, 레몬즙, 디존 머스터드, 화이트와인 식초를 사용하여 만드시오.

다 시저 드레싱(caesar dressing)은 마요네즈, 마늘, 앤초비, 검은 후춧가루, 파미지아노 레기아노, 올리브오일, 디존 머스터드, 레몬즙을 사용하여 만드시오.

라 파미지아노 레기아노는 강판이나 채칼을 사용하시오.

마 시저 샐러드(caesar salad)는 로메인상추, 곁들임(크루통(1cm × 1cm), 구운 베이컨 (폭 0.5cm), 파미지아노 레기아노), 시저 드레싱을 사용하여 만드시오.

지급재료 목록

- Egg(달걀) 1ea
- Dijon mustard(디존 머스타드) 10g
- Lemon(레몬) 1ea
- Romaine lettuce(로메인상추) 50g
- Garlic(마늘) 1ea
- Bacon(베이컨) 1piece
- Anchovy(앤초비) 3ea
- Olive Oil(올리브오일) 20ml
- Canola Oil(카놀라오일) 300ml
- Toast Bread(식빵) 1piece
- Ground Black Pepper(검은후춧가루) 5g
- Parmigiano Reggiano Cheese(파미지아노 레기아노치즈) 20g
- White wine vinegar(화이트와인 식초) 20ml
- Salt(소금) 10g

조리방법

1 달걀노른자에 디존머스터드와 소금, 화이트와인 식초를 넣고 카놀라오일을 조금씩 넣으면서 마요네즈를 만들어 놓는다.
2 만들어 놓은 마요네즈를 제출용 그릇에 담아놓고, 나머지는 마늘 다진 것, 앤초비, 검은후추, 강판에 갈아놓은 파미지아노 치즈, 올리브오일, 디존 머스터드, 레몬즙을 넣어 시저드레싱을 만들어 제출용 그릇에 1/2을 담아 놓는다.
3 파르미지아노 치즈는 치즈 강판에 따로 갈아 준비한다.
4 마요네즈를 만들 때 분리되지 않도록 모든 재료가 실온 온도를 유지하며, 오일을 조금씩 넣어 만들어야 한다.
5 식빵을 잘라 크루통을 팬에서 고루 색을 낸다.
6 베이컨은 폭 0.5cm로 썰어 팬에서 구워 준비한다.
7 로메인상추는 물에 담가 싱싱하게 준비하고 손으로 한 입 크기로 잘라놓는다.
8 앤초비는 칼로 다지고 체에 내려 준비한다.
9 마요네즈를 만들고 시저드레싱을 만들어 접시에 절반씩 담고, 나머지 절반으로 시저 샐러드를 버무려 제출한다.

TIP

1 마요네즈를 만들 때 모든 재료의 온도가 일정한 실온온도를 유지해야 분리되지 않는다.
2 요구사항으로 마요네즈와 시저드레싱, 시저 샐러드 3가지를 각각 별도의 그릇에 담아 제출하도록 한다.
3 크루통은 칼로 잘라 마른팬에서 천천히 색을 내도록 한다.
4 파르미지아노 치즈와 베이컨을 조금 남겨서 시저 샐러드 위에 올린다.

The French Chef Cuisine

기초부터 고급까지 **서양조리의 모든 것**

양식조리산업기사

Chicken Roulade with Tomato Coolies
(토마토 쿨리를 곁들인 치킨 룰라드)

Ingredients

Duck breast(오리가슴살)	150g	Carrot(당근)	1ea
Honey(꿀)	20g	Onion(양파)	1/4ea
Orange(오렌지)	2ea	Starch(전분)	20g
Red wine(적포도주)	200ml	Brown stock(브라운 스톡)	100ml
Bay leaf(월계수잎)	2leaf	Whole Black pepper(검은통후추)	5g
Potato(감자)	1ea	Salt(소금)	20g
Bacon(베이컨)	1piece	Ground white pepper(흰후춧가루)	5g
Olive(올리브)	2ea	Salad Oil(식용유)	50ml
Broccoli(브로콜리)	30g	Garlic(마늘)	3ea
Thyme(백리향)	5g	Butter(버터)	70g
Pear(배)	1/4ea	White Sugar(흰설탕)	50g
Lemon(레몬)	1/2ea	Vinegar(식초)	10ml

요구사항

위생과 안전에 유의하여 주어진 재료로 토마토 쿨리를 곁들인 치킨 룰라드(chicken roulade with tomato coulis)를 다음과 같이 만드시오.

가 치킨 룰라드(chicken roulade)

1) 닭다리는 뼈와 살을 분리하여 사용하시오.
2) 양송이와 기타 재료를 사용하여 둑셀(duxells)을 만들어 닭다리살에 넣고 룰라드 하시오.
3) 닭다리는 정제 버터를 사용하여 갈색으로 팬프라이 하시오.

나 토마토 쿨리(tomato coulis)

1) 토마토와 양파, 마늘 등 기타 재료를 사용하여 토마토 쿨리를 만드시오.
2) 닭육수를 만들어 사용하시오.

다 가니쉬 (garnish)

1) 감자는 더치 포테이토(duchesse potato)를 만들고, 채소를 이용하여 가니쉬를 만드시오.
2) 사과는 글레이징(glazing) 하시오.

라 룰라드한 닭다리는 적당한 크기로 잘라 토마토 쿨리, 가니쉬와 함께 담아내시오

마 시저 샐러드(caesar salad)는 로메인상추, 곁들임(크루통(1cm×1cm), 구운 베이컨 (폭 0.5cm), 파미지아노 레기아노), 시저 드레싱을 사용하여 만드시오.

Mothod of Cooking

1 오리가슴살 껍질부분에 칼집을 내고 소금, 후추, 꿀을 발라 오븐에서 미디엄 갈색으로 익혀낸다.
2 감자를 삶아 체에 내려 베이컨, 블랙올리브를 넣고 동그란 모양으로 팬에서 로스티 감자를 만들어 준비한다.
3 오렌지 껍질로 제스트를 만들고 오렌지살을 2쪽 세그멘드 형식으로 도려내어 팬에서 색을 낸다.
4 남은 오렌지와 레드와인을 넣고 스톡, 소량의 전분, 마늘, 식초, 양파, 타임줄기, 월계수잎, 레몬, 버터를 넣고 비가라드 소스를 준비한다.
5 브로콜리는 삶아 버터, 소금, 후추를 넣고 팬에서 소테하여 담는다.
6 당근은 올리베또(샤토보다 작은 크기) 모양으로 만들어 삶아 글레이징한다.
7 배는 샤토 모양으로 2개 준비하여 레드와인, 꿀, 레몬, 설탕을 넣고 졸여 준비한다.
8 오븐에서 꺼낸 오리가슴살을 3등분하여 준비한다.
9 준비된 접시에 오리가슴살, 로스티감자, 배, 당근, 브로콜리, 오렌지살, 제스트, 비가라드소스, 타임으로 장식하여 담아낸다.

Roasted Rack of Lamb with Thyme Sauce
(타임 소스를 곁들인 양갈비구이)

Ingredients

Rack of Lamb(양갈비)	250g
Mustard(양겨자)	50g
Parsley(파슬리)	5g
Thyme(백리향)	5g
Rosemary(로즈마리)	5g
Garlic(마늘)	5ea
Carrot(당근)	1/2ea
Onion(양파)	1/2ea
Tomato(감자)	1ea
Butter(버터)	60g
Asparagus(아스파라거스)	2ea
Red wine(적포도주)	50ml
Olive oil(올리브오일)	50ml
Starch(전분)	10g
Bread crumbs(빵가루)	40g
Tomato paste(토마토 페이스트)	30g
Mint Jelly(민트젤리)	10g
Honey(꿀)	10g
Ground white pepper(흰후춧가루)	5g
Salt(소금)	10g
Whole Black pepper(검은통후추)	5g

요구사항

위생과 안전에 유의하여 주어진 재료로 타임소스를 곁들인 양갈비구이(roasted rack of lamb with thyme sauce)를 다음과 같이 만드시오.

가 양갈비구이(roasted rack of lamb)

1) 양 갈비의 살과 뼈는 깨끗이 다듬어 소금, 으깬 검은 후추, 향신료 등으로 마리네이드 하시오.
2) 양 갈비는 팬에서 연한 갈색을 내어 꿀을 넣은 민트 젤리와 양 겨자 크러스트(mustard crust)를 만들어 바르시오.
3) 양 겨자 크러스트는 양 겨자, 빵가루, 마늘, 향신료 등을 사용하여 만드시오.
4) 양 갈비는 오븐에서 미디엄으로 구워 뼈를 포함해 3등분으로 잘라 접시에 담으시오.

나 안나 포테이토(anna potato)

1) 안나 포테이토는 지름 4cm, 두께 0.2cm, 높이 3cm 정도의 크기로 몰드, 틀, 쿠킹호일 등으로 만들어 오븐에서 갈색으로 구우시오.
2) 아스파라거스는 끓는 물에 데친 후 볶아 사용하시오.
3) 끓는 물에 데쳐 오븐에서 구운 마늘과 타임도 가니쉬로 사용하시오.

다 타임 소스(thyme sauce)

1) 타임 소스는 타임향이 있게 하고 농도에 유의하시오.
2) 손질하고 남은 양고기, 뼈, 토마토 페이스트, 적포도주 등을 사용하여 만드시오.

라 양갈비, 안나 포테이토, 아스파라거스, 구운 마늘, 타임 소스, 타임을 함께 담아내시오.

Mothod of Cooking

1 양갈비를 손질해서 뼈 포함 2쪽 220g정도 되도록 준비한다.
2 손질하고 남은 뼈와 고기에 토마토페이스트, 당근, 양파, 레드와인, 타임, 파슬리 줄기를 넣고 소스를 만들어 놓는다.
3 감자는 둥근 원통형으로 잘라 슬라이스로 썰어 지름 4cm, 높이 3cm 정도되도록 층층이 쌓아 안나포테이토를 만들어 오븐에서 구워낸다.
4 손질된 양고기에 양겨자를 바르고 빵가루와 마늘, 타임, 파슬리, 로즈마리를 넣고 고기위에 올린다.
5 아스파라거스는 껍질을 벗겨 끓는 물에 살짝 데쳐내고 버터를 두른 팬에서 소금, 후추를 넣고 볶아낸다.
6 통마늘은 데쳐서 구워 타임과 함께 장식으로 사용한다.
7 민트젤리는 소스에 섞어 사용해도 되나 접시에 바로 담아내도 좋다.
8 준비된 접시에 구운 양갈비, 안나포테이토, 구운 마늘, 아스파라거스, 타임소스, 장식용 타임을 모양 있게 담아낸다.

Duck Breast with Bigarade Sauce
(비가라드 소스를 곁들인 오리가슴살구이)

Ingredients

Duck breast(오리가슴살)	150g	Carrot(당근)	1ea
Honey(꿀)	20g	Onion(양파)	1/4ea
Orange(오렌지)	2ea	Starch(전분)	20g
Red wine(적포도주)	200ml	Brown stock(브라운 스톡)	100ml
Bay leaf(월계수잎)	2leaf	Whole Black pepper(검은통후추)	5g
Potato(감자)	1ea	Salt(소금)	20g
Bacon(베이컨)	1piece	Ground white pepper(흰후춧가루)	5g
Olive(올리브)	2ea	Salad Oil(식용유)	50ml
Broccoli(브로콜리)	30g	Garlic(마늘)	3ea
Thyme(백리향)	5g	Butter(버터)	70g
Pear(배)	1/4ea	White Sugar(흰설탕)	50g
Lemon(레몬)	1/2ea	Vinegar(식초)	10ml

요구사항

위생과 안전에 유의하여 주어진 재료로 비가라드소스를 곁들인 오리가슴살 구이(duck breast with bigarade sauce)를 다음과 같이 만드시오.

가 오리가슴살구이(roasted duck breast)

1) 오리 가슴살은 껍질부분에 솔방울 모양으로 칼집을 내어 팬프라잉 하시오.
2) 팬프라잉한 오리가슴살은 꿀을 발라 오븐에 갈색으로 익혀 3쪽으로 썰어내시오.
3) 껍질은 바삭하게하고 속은 미디엄(medium)으로 구우시오.

나 로스티 감자(rosti potatoes)

1) 베이컨과 블랙올리브를 넣은 로스티감자를 연한갈색으로 만드시오.

다 비가라드소스(bigarade sauce)

1) 오렌지주스와 적포도주 등을 넣어 2/3 정도 졸여 농도에 유의하여 비가라드소스를 만드시오.

라 가니쉬(garnish)

1) 브로콜리는 삶아 버터에 볶아 사용하시오.
2) 당근은 올리베또(olivette) 모양으로 3개를 사용하시오,
3) 배 콘피(pear confit)는 샤토(chateau) 모양으로 레드와인에 졸여 2개를 만드시오.
4) 오렌지 제스트와 오렌지 살, 타임을 이용하여 가니쉬 하시오.

마 3등분한 오리가슴살과 로스티 감자, 가니쉬를 담고 비가라드 소스를 뿌려 오렌지살과 오렌지 제스트, 타임으로 장식하여 내시오.

Mothod of Cooking

1 오리가슴살 껍질부분에 칼집을 내고 소금, 후추, 꿀을 발라 오븐에서 미디엄 갈색으로 익혀낸다.
2 감자를 삶아 체에 내려 베이컨, 블랙올리브를 넣고 동그란 모양으로 팬에서 로스티 감자를 만들어 준비한다.
3 오렌지 껍질로 제스트를 만들고 오렌지살을 2쪽 세그멘드 형식으로 도려내어 팬에서 색을 낸다.
4 남은 오렌지와 레드와인을 넣고 스톡, 소량의 전분, 마늘, 식초, 양파, 타임줄기, 월계수잎, 레몬, 버터를 넣고 비가라드 소스를 준비한다.
5 브로콜리는 삶아 버터, 소금, 후추를 넣고 팬에서 소테하여 담는다.
6 당근은 올리베또(샤토보다 작은 크기) 모양으로 만들어 삶아 글레이징한다.
7 배는 샤토 모양으로 2개 준비하여 레드와인, 꿀, 레몬, 설탕을 넣고 졸여 준비한다.
8 오븐에서 꺼낸 오리가슴살을 3등분하여 준비한다.
9 준비된 접시에 오리가슴살, 로스티감자, 배, 당근, 브로콜리, 오렌지살, 제스트, 비가라드소스, 타임으로 장식하여 담아낸다.

Beef Fillet Steak with a Anchovy Butter
(앤초비 버터를 곁들인 소안심구이)

Ingredients

Beef tenderloin(소고기 안심)	160g
Caper(케이퍼)	15g
Tarragon(타라곤)	5g
Parsley(파슬리)	5g
Anchovy(앤초비)	10g
Thyme(백리향)	5g
Potato(감자)	1ea
Carrot(당근)	1/2ea
Brussels sprouts(방울 양배추)	2ea
Green asparagus(그린 아스파라거스)	1ea
Red wine(레드와인)	200ml
Demi-glace sauce(데미글라스 소스)	50ml
Milk(우유)	150ml
Butter(버터)	100g
Shallot(샬롯)	1ea
Garlic(마늘)	3ea
Parmigiano Reggiano Cheese(파미지아노 레지아노치즈)	20g
Flour(밀가루)	10g
White sugar(흰설탕)	30g
Olive oil(올리브오일)	30ml
Onion(양파)	1/2ea
Celery(셀러리)	50g
Whole Black pepper(검은통후추)	10g
Salt(소금)	15g

요구사항

위생과 안전에 유의하여 주어진 재료로 앤초비 버터를 곁들인 소안심구이(beef fillet steak with a anchovybutter)를 다음과 같이 만드시오.

가 소안심 구이(beef fillet steak)

1) 소고기 안심은 손질(마리네이드)하여 미디엄으로 구우시오.

2) 레드와인소스를 만들어 곁들이시오.

나 앤초비 버터(anchovy butter)

1) 앤초비, 허브, 채소, 버터를 이용하여 앤초비 버터를 만들어 스테이크에 올리시오.

다 도피노와즈 포테이토(dauphinoise potato)

1) 베샤멜소스를 만들어 사용하시오.

2) 파르미지아노 레지아노 치즈를 뿌려 오븐에 구워내시오.

라 곁들임 채소(hot vegetables)

1) 당근은 글레이징(glazing) 하시오.

2) 방울양배추, 아스파라거스를 조리하여 곁들이시오.

Mothod of Cooking

1 소고기 안심을 손질해 소금, 후추, 올리브오일, 타라곤으로 마리네이드 한다.
2 앤초비, 타임, 샬롯, 케이퍼, 마늘을 다져 앤초비 버터를 준비한다.
3 감자를 원통형으로 만들어 슬라이스로 잘라 깊이가 있는 팬이나 몰드에 층층이 쌓으면서 파미지아노 치즈, 소금, 후추를 넣고 베샤멜소스를 만들어 뿌려주고 오븐에서 구워낸다.
4 당근은 샤토 모양으로 만들어 삶아 설탕과 버터를 넣고 글레이징 한다.
5 방울 양배추는 데치고 아스파라거스는 껍질을 벗겨 데쳐서 버터, 소금, 후추를 넣고 팬에서 볶아 준비한다.
6 데미글라스 소스에 마늘 양파, 셀러리, 레드와인을 넣고 졸여 소스를 준비한다.
7 밀가루:오일:물 비율을 1:3:7 정도 섞어 팬에서 튀일을 만들어 장식으로 곁들인다.
8 준비된 접시에 안심스테이크, 도피노와즈포테이토, 당근, 방울 양배추, 아스파라거스, 레드와인소스, 튀일을 장식으로 올려 담아낸다.

Oil Poached Red Snapper with Thyme Veloute
(타임 벨루테 소스를 곁들인 기름에 저온조리한 적도미)

Ingredients

Potato(감자)	1ea	Flour(밀가루)	20g
Butter(버터)	100g	Salad Oil(식용유)	500ml
Broccoli(브로콜리)	50g	Shallot(샬롯)	1ea
Whipped Cream(휘핑크림)	200ml	Red paprika(빨간파프리카)	1/4ea
Red snapper(적도미)	600g	Eggplant(가지)	1/2ea
Onion(양파)	1/2ea	Squash(애호박)	50g
Celery(셀러리)	30g	Ground white pepper(흰후춧가루)	5g
Tomato(토마토)	1ea	Bay leaf(월계수잎)	1leaf
Caper(케이퍼)	20g	Whole Black pepper(검은통후추)	5g
Leek(대파)	1ea	Salt(소금)	10g
Parsley(파슬리)	5g		
Thyme(백리향)	5g		

요구사항

위생과 안전에 유의하여 주어진 재료로 타임 벨루테 소스를 곁들인 기름에 저온 조리한 적도미(oil poached red snapper with thyme veloute)를 다음과 같이 만드시오.

가 기름에 저온 조리한 적도미(oil poached red snapper)

1) 적 도미를 손질하여, 80g 정도의 Fillet으로 2쪽을 사용하시오.
2) 타임향이 우러나도록 기름에 타임을 넣어 사용하시오.
3) 적 도미는 기름에 저온 조리하여 부드러운 질감이 나도록 하시오.

나 타임 향의 벨루테 소스(thyme veloute sauce)

1) 적 도미를 손질하고 남은 살과 뼈로 생선 스톡(fish stock)을 만들어 사용하시오.
2) 화이트 루(white roux)와 생선스톡으로 소스를 만들고 타임은 Chop해서 소스에 넣으시오.

다 더운 채소(hot vegetables)

1) 브로콜리는 데친 후 버터 물에 조리하시오.
2) 샬롯, 가지, 호박, 붉은 파프리카, 토마토, 케이퍼를 이용하여 라따뚜이(ratatouille)를 만드시오.

라 퐁당 감자(fondants potato)

1) 작은 보일드 감자(boiled potato) 모양으로 2개를 다듬어 버터의 향을 살려 오븐에서 조리하시오.

마 접시에 적 도미, 감자, 더운 채소를 놓고 타임 벨루테 소스를 곁들이시오.

Mothod of Cooking

1 적도미를 손질해 80g 2개로 만들어 소금, 후추, 타임으로 마리네이드 한다.
2 손질하고 남은 도미뼈와 살로 화이트루, 생선스톡, 타임, 파슬리줄기, 월계수잎, 양파, 셀러리, 대파를 넣고 타임소스를 준비한다.
3 브로콜리는 손질해 데쳐 버터, 소금, 후추를 넣고 팬에서 볶아 준비한다.
4 샬롯을 1/2로 잘라 감자와 함께 오븐에서 익혀낸다.
5 감자는 보일드모양의 퐁당감자로 만들어 삶아 버터를 바르고 오븐에서 구워낸다.
6 가지, 호박, 샬롯, 파프리카, 케이퍼, 토마토콩카세를 넣고 팬에서 볶아 라따뚜이를 만들어 준비한다.
7 손질한 도미를 기름을 넉넉히 넣은 팬에서 저온 조리하여 부드러운 질감이 나도록 천천히 익혀낸다.
8 졸인 타임소스를 체에 걸러내고 크림과 타임을 넣고 농도를 맞춰 준비한다.
9 준비된 접시에 라따뚜이를 먼저 담고 생선, 감자, 브로콜리, 샬롯, 타임벨루테소스, 장식으로 타임을 올려 완성한다.

The French Chef Cuisine

기초부터 고급까지 **서양조리의 모든 것**

고급양식조리

Radish on Saffron Clam Broth with Pan Seared Halibut
(사프란 크램 브로스와 래디시를 올린 광어구이)

Ingredients

Fresh Halibut(신선한 광어)	80g	Caper(케이퍼)	20g
Radish(레디시)	1ea	White Wine(화이트와인)	30ml
Saffron(사프론)	2g	Fresh Cream(생크림)	20ml
Clam(모시조개)	5ea	Lemon Juice(레몬주스)	20ml
Sorrel(쏘렐)	3g	Butter(버터)	15g
Tomato (토마토)	1pc	Olive Oil(올리브오일)	20ml
Chive(차이브)	2pc	Salt, Pepper	Some
Dill(딜)	2g		

Mothod of Cooking

1 신선한 광어를 손질해 160g 정도 준비해 레몬주스, 소금, 후추로 마리네이드 한다.
2 모시조개를 깨끗이 씻어 화이트와인, 레몬주스를 넣어 조개가 벌어질 때까지 포칭한다.
3 준비된 광어도 팬에서 오일과 버터를 두르고 익혀낸다.
4 사프란을 화이트와인에 재워 노란색 색소를 만들고 생크림을 끓이면서 사프란 주스를 넣고 차이브 다진 것과 소금, 후추를 넣고 크램 브로스 소스를 만들어 놓는다.
5 케이퍼는 버터에 살짝 익혀낸다.
6 준비된 접시에 사프란 소스를 바닥에 뿌리고 토마토, 광어, 모시조개 순서로 올려 담는다.
7 장식으로 허버와 레디시, 케이퍼를 올려 담아 완성한다.

TIP

1 크램 브로스는 채소와 고기, Toodtjs을 물과 함께 넣고 끓여서 만든 육수로 수프나 소스의 기본이 되는 것이다.
2 크램 브로스 만드는 법은 소스냄비에 오일을 두르고 통마늘과 양파, 당근, 셀러리, 펜넬, 파슬기 줄기를 넣고 채소가 투명하게 볶아지면 손질된 모시조개를 넣어 화이트와인으로 프람베하여 냄새를 제기한다.
3 월계수잎, 통후추, 레몬, 물을 넣고 30분 정도 끓여 시머링한 다음 고운체에 걸러서 사용한다.

Lemon & Orange Sauce and Ratatouille with Grilled Fillet Seabass
(레몬 오렌지 소스와 라따뚜이를 곁들인 농어구이)

Ingredients

Seabass(농어)	80g	Basil(바질)	1pc
Lemon (레몬)	1/2ea	Brussels sprouts(방울 양배추)	1ea
Orange(오렌지)	1/2ea	Tomato(토마토)	30g
Olive Oil(올리브오일)	30ml	Onion(양파)	20g
Vinegar(식초)	20ml	Garlic(마늘)	5g
White Wine(화이트와인)	20ml	Paprika(파프리카)	10g
Green Beans(그린빈스)	1ea	Pumpkin(애호박)	40g
Thyme(타임)	1ea	Salt, Pepper	Some
Eggplant(가지)	1pc		

Mothod of Cooking

1 농어를 손질해 레몬주스와 화이트와인, 소금, 후추로 마리네이드 한다.
2 오렌지 껍질로 제스트를 만들고 살을 발라 팬에서 살짝 익혀 준비한다.
3 파프리카, 양파, 토마토, 가지, 마늘, 호박은 다이스(dice)로 썰어 팬에서 볶아 라따뚜이를 만들어 놓는다.
4 레몬주스와 화이트와인, 오렌지주스를 섞어 생크림을 넣고 끓여 소스를 만들어 놓는다.
5 방울 양배추를 구워 준비한다.
6 절인 농어를 팬에 오일을 두르고 색이 나도록 구워낸다.
7 드라이토마토는 껍질을 벗겨 준비한다.
8 준비된 접시에 라따뚜이를 올리고 오렌지, 토마토, 농어, 제스트, 방울 양배추를 올려 담아낸다.
9 레몬 오렌지 소스를 뿌리고 튀일을 만들어 장식하여 완성한다.

TIP

1 라따뚜이는 프랑스의 프로방스 지방에서 즐겨먹는 전통적인 채소 스튜(stew)이며 니스(nice)에서 유래한 음식이다.
2 라따뚜이는 가지, 토마토, 피망, 양파, 호박, 마늘 등의 여러 채소와 허브를 넣고 만드는데 모든 재료를 올리브오일에 볶아서 만든다.
3 라따뚜이를 서브할 때에는 뜨겁거나 차거나 상온으로도 서브할 수 있으며, 빵 또는 크래커를 곁들여 애피타이저로 먹을 수 있다.

Tomato and Squash with Chili Marinated Mero Steak
(토마토와 호박을 곁들인 칠리 메로 스테이크)

Ingredients

Chili Sauce(칠리소스)	30ml	Micro Sprout(마이크로 새싹)	10g
Tomato Sauce(토마토소스)	20ml	Basil(바질)	1ea
Mero Fish(메로)	80g	lotus root(연근)	1pc
Tomato(토마토)	40g	Shallot(샬롯)	1ea
Garlic(마늘)	5g	Lemon Juice	20ml
Squash(애호박)	30g	White Wine	10ml
Paprika Orange(파프리카 오렌지)	10g	Salt, Pepper	Some
Paprika Green(파프리카 그린)	10g		

Mothod of Cooking

1 메로는 수분을 제거하고 화이트와인과 레몬주스에 마리네이드 한다.
2 토마토, 양파, 마늘을 다져 토마토 소스를 만들어 칠리 소스를 첨가한 뒤 매콤한 소스로 만들어 준비한다.
3 파프리카, 양파를 다이스(dice)로 썰어 칠리 소스에 섞어 놓는다.
4 연근을 얇게 썰어 저온 기름에 튀겨 장식으로 준비한다.
5 바질은 물기를 제거하고 기름에 살짝 튀기듯이 색이 나지 않도록 준비한다.
6 준비된 접시에 구운 메로를 올리고 칠리 토마토 소스를 뿌려 완성한다.
7 장식으로 바질과 연근 드라이토마토를 올리고 마이크로 새싹을 올려 완성한다.

TIP

1 대구를 뜻하는 스페인어 메루자(merluza)에서 변형된 메로의 명칭은 남극이빨고기 또는 비막치어이며, 영어를 직역한 파타고니아이빨고기(patagonian toothfish)로 부르기도 한다. 주로 남서대서양과 남극해권에서 서식하며 아르헨티나에서는 검은대구라고도 부르는 대형 어류이며 심해어류이다.
2 메로는 기름기가 많아 주로 구이나 스테이크로 많이 조리한다.
3 심해어류로 매우 비싼 가격을 형성하고 고급어종으로 취급한다.

Gochujang Sauce with Grilled Fillet Hakibut
(고추장 소스의 그릴 광어구이)

Ingredients

Fresh Halibut(광어)	60g	Lemon Juice(레몬주스)	20ml
Cauliflower(컬리플라워)	15g	Olive Oil(올리브오일)	20ml
Leek(대파)	1ea	Pine Mushroom(새송이)	10g
Balsamic Sauce(발사믹소스)	5ml	Chive(차이브)	1pc
Beech Mushroom(만가닥버섯)	2ea	Garlic(마늘)	1ea
Paprika Orange(파프리카 오렌지)	10g	Red Paper Paste(고추장)	20g
Paprika Green(파프리카 그린)	10g	Sesame(참깨)	5g
Paprika Red(파프리카 레드)	10g	White Wine(화이트와인)	20ml
Thyme(타임)	3g	Salt, Pepper	Some

Mothod of Cooking

1 신선한 광어를 손질해 화이트와인과 레몬주스, 소금, 후추, 딜 다진 것으로 마리네이드 한다.
2 대파를 슬라이스로 썰어 전분을 입혀 튀겨 준비한다.
3 콜리플라워는 데쳐서 준비한다.
4 파프리카, 오렌지, 레드, 그린, 대파 흰 부분을 칼로 얇게 썰어 찬물에 담가 놓는다.
5 고추장에 화이트와인과 참깨를 넣고 풀어 소스로 사용한다.
6 절인 광어를 그릴에서 갈색이 나도록 구워낸다.
7 새송이, 콜리플라워, 브로콜리를 그릴에서 구워낸다.
8 준비된 광어, 고추장소스, 버섯, 콜리플라워, 대파장식, 드라이토마토를 올리고 차이브로 장식하여 완성한다.

TIP

1 그릴에 생선을 구울 때는 수분이 적어야 부서지지 않는다.
2 한식의 세계화에 한 발 더 다가설 수 있는 우리 고유의 식재료로 문헌상 고추장은 16세기 말부터 사용한 것으로 추정된다.
3 고춧가루에 엿기름, 소금, 메줏가루가 들어가 단맛과 매운맛이 한데 어우러지는 독특한 맛을 지닌 우리의 전통 발효식품이다.

Basil Cheese Puree and Pinkpepper Saffron Sauce with Pan Fried Almond Salmon

(바질치즈 퓌레와 핑크페퍼 사프란 소스와 아몬드를 올린 노르웨이산 연어구이)

Ingredients

Salmon(연어)	80g	Cherry Tomato(체리토마토)	1ea
Butter(버터)	40g	Lemon(레몬)	1pc
Saffron(사프론)	2g	Lemon Juice(레몬주스)	30ml
Sorrel(쏘렐)	3g	Onion(양파)	10g
Tomato (토마토)	1pc	Cream Cheese(크림치즈)	40g
Chive(차이브)	2pc	Pinkpepper(핑크페퍼)	3g
Dill(딜)	2g	White Wine(화이트와인)	20ml
Salad Oil(식용유)	80ml	Salt, Pepper	Some
Caper(케이퍼)	20g		

Mothod of Cooking

1 노르웨이산 연어를 손질해 구이용 1인분으로 잘라 레몬주스, 소금, 후추, 처빌, 올리브오일로 마리네이드한다.
2 사프란은 화이트와인에 10분 이상 불려서 사용한다.
3 버섯을 손질해 전분을 입혀 튀겨낸다.
4 체리토마토는 밑쪽에 칼집을 넣어 껍질을 벗겨 속을 채워 사용한다.
5 케이퍼를 밀가루나 전분을 살짝 입혀 팬에서 오일을 두르고 저온으로 구워낸다.
6 사프란은 화이트와인으로 조려 생크림을 넣어 소스로 만들어 놓는다.
7 절인 연어를 그릴에서 색이 나도록 구워낸다.
8 준비된 접시에 구운 연어를 올리고 케이퍼, 토마토, 버섯, 구운 아몬드와 딜을 장식으로 올려 완성한다.
9 사프란소스를 뿌리고 핑크페퍼를 올린다.

TIP

1 사프란은 화이트와인에 재워서 사용한다.
2 그릴에 생선을 구울 때는 수분이 적어야 부서지지 않는다.
3 연어는 오메가-3 지방산이 고등어나 참치 등과 비등하게 많이 들어있어 맛이 좋고 요리하기 쉬우며, 단백질이 풍부하고 생선 비린내가 비교적 적다.

Herb Butter Sauce and Tuile with Salmon Steak
(허브버터와 튀일을 올린 연어 스테이크)

Ingredients

Salmon(연어)	80g	Tomato(토마토)	1ea
Butter(버터)	40g	Lemon(레몬)	1pc
Artichoke(아티초크)	1ea	Lemon Juice(레몬주스)	30ml
Tomato (토마토)	1pc	Onion(양파)	10g
Chive(차이브)	2pc	Chive(차이브)	1ea
Dill(딜)	2g	White Wine(화이트와인)	20ml
Salad Oil(식용유)	80ml	Salt, Pepper	Some
Basil(바질)	1pc		

Mothod of Cooking

1 연어를 화이트와인과 레몬주스, 차이브로 마리네이드한다.
2 밀가루 1, 식용유 3, 물 8의 비율로 섞어 튀일 반죽을 만들어 팬에서 튀일을 만들어 식혀 장식으로 사용한다.
3 아티초크는 잘라 데쳐서 허브를 넣고 팬에 볶아 준비한다.
4 토마토는 밑쪽에 칼집을 넣어 껍질을 벗겨 장식으로 사용한다.
5 대파 흰부분을 가늘게 슬라이스로 썰어 장식으로 준비한다.
6 밀가루 1, 식용유 8, 물 8의 비율로 섞어 튀일 반죽을 만들어 팬에서 튀일을 만들어 식혀 장식으로 사용한다.
7 절인 연어를 팬에서 색이 나도록 구워주고 화이트와인으로 조려주면서 익혀낸다.
8 접시에 준비된 채소를 깔고 연어를 올리고 허브버터소스를 뿌린다.
9 장식으로 바질, 튀일, 레몬을 사용하고 완성한다.

TIP

1 튀일은 밀가루, 오일, 물의 재료를 분량대로 모두 넣고 섞어서 팬에서 수분이 날아가면서 만들어진다.
2 그릴에 생선을 구울 때는 수분이 적어야 부서지지 않는다.
3 허브 버터는 버터에 차이브와 타임을 넣고 만들 수 있다.

Almond Cream Butter Sauce with Grilled Seabream
(아몬드 크림 버터 소스의 그릴 도미구이)

Ingredients

Fresh Seabream(도미)	60g	Beech Mushroom(만가닥 버섯)	2ea
Almond(아몬드)	20g	Asparagus(아스파라거스)	1ea
Fresh Cream(생크림)	30ml	Cherry Tomato (체리토마토)	1pc
Butter(버터)	30g	Chive(차이브)	1ea
Parmigiano Cheese(파미지아노치즈)	30g	White Wine(화이트와인)	20ml
Caper(케이퍼)	20g	Parsley(파슬리) 3gSalt, Pepper	Some
Thyme(타임)	1pc		

Mothod of Cooking

1 신선한 도미를 레몬주스, 소금, 후추로 마리네이드한다.
2 아몬드를 곱게 다져 소스에 섞어 놓는다.
3 케이퍼는 버터에 볶아 준비하고 블랙올리브도 슬라이스로 썰어 썰어 팬에서 볶아 준비한다.
4 체리토마토는 껍질을 벗겨 오븐에서 살짝 구워낸다.
5 버섯은 모양 있게 잘라 데쳐 버터에 볶아내고 아스파라거스는 껍질을 벗겨 끓는 물에 데쳐서 준비한다.
6 도미살을 그릴에서 부서지지 않도록 격자로 잘 구워낸다.
7 생크림을 졸여 아몬드가루, 파슬리 다진 것, 레몬주스를 넣고 소스를 만들어 놓는다.
8 파르미자노 치즈를 강판에 갈아 팬에서 튀일을 만들어준다.
9 준비된 접시에 크림버터 소스를 담고 그릴한 생선과 준비된 채소를 올리고 차이브로 장식하여 완성한다.

TIP

1 버터 소스는 따뜻한 종류의 소스로 연어나 다른 생선에 잘 어울리는 소스이다.
2 'Beurre Blanc'은 루아르강에 많이 있는 생선소스로 프랑스 요리사로 알려진 Mme Clemence에 의해 처음 만들어진 것으로 알려져 있다.
3 버터소스는 냄비에 화이트와인을 넣고 양파, 파슬리, 월계수잎, 후추, 허브를 넣고 2/3정도로 졸여 사용한다.

Foie-Gras and Orange Braised Endive with Perigueux Sauce with Beef Tenderloin
(푸아그라와 엔다이브를 곁들인 한우 안심과 페리게 소스)

Ingredients

Korean Beef Tenderloin(한우 안심)	180g	Garlic Whole(통마늘)	1ea
Foie-Gras(거위간)	30g	Pumpkin(단호박)	10g
Orange(오렌지)	1ea	Rosemary(로즈마리)	1ea
Carrto(당근)	1ea	Shallot(샬롯)	1ea
Endive(엔다이브)	1ea	Marjoram(마조람)	1ea
Onion(양파)	20g	Truffle(트러플)	5g
Demi Glace(데미글라스)	20ml	Red Wine(레드와인)	20ml
Fresh Cream(생크림)	20ml	Parsley(파슬리) 3gSalt, Pepper	Some

Mothod of Cooking

1 한우 안심을 손질해 안심 스테이크 형태로 만들어 마늘, 소금, 후추, 올리브오일로 마리네이드 한다.
2 푸아그라는 캔으로 잘라 1쪽을 준비한다.
3 오렌지는 살을 발라 크림, 우유를 넣고 조려 준비한다.
4 엔다이브는 세로로 잘라 남은 오렌지로 주스를 만들어 같이 조려 준비한다.
5 마늘은 통으로 준비해 반을 잘라 팬에서 구워낸다.
6 샬롯은 웨지 형태로 잘라 1쪽 준비하고, 당근은 모양있게 다듬어 글레이징하여 준비하고 단호박은 세로로 잘러 튀겨낸다.
7 데미글라스 소스에 트러플 다진 것, 레드와인, 생크림, 버섯, 마조람 다진 것, 양파를 넣고 페리게 소스를 만들어 준비한다.
8 준비된 접시에 스테이크와 푸아그라를 올리고 준비된 채소와 페리게 소스를 뿌려 완성한다.

TIP

1 거위간은 냉동이나 후레쉬로 사용할 경우에는 밀가루를 입혀 팬에서 색이 나도록 구워 사용하고 캔 종류는 익혀 나오는 것으로 바로 잘라 사용한다.
2 페리게 소스는 프랑스 서남부 페리고르 지역 도르도뉴의 중심도시로 화이트와인 계열의 Madeira 와인과 송로버섯과 데미글라스를 섞어 만든 소스이다.
3 거위간이 무스인 경우에는 크림치즈와 섞어 사용하면 훌륭한 맛을 얻을 수 있다

Mushroom Ragout and Pumpkin Mashed Potato, Sherry Wine Sauce with Pan-seared Beef Tenderloin Steak

(버섯 라구와 호박 매시드 포테이토를 곁들인 소고기 안심과 셰리 와인소스)

Ingredients

Beef Tenderloin(안심)	80g	Gold Pine Mushroom(황금송이버섯)	10g
Mashed Potato(매시드 감자)	40g	Black Olive(블랙올리브)	5ea
Cabernet Sauvignon(레드와인)	30ml	Paprika Red(파프리카 레드)	10g
Wholegrain Mustard(홀그레인)	20g	Paprika Orange(파프리카 오렌지)	10g
Demi Glace(데미글라스)	20ml	Oregano(오레가노)	1ea
Fresh Cream(생크림)	20ml	Tomato (토마토)	1pc
Garlic Whole(통마늘)	1ea	Parsley(파슬리)	3g
Beech Mushroom(만가닥버섯)	10g	Salt, Pepper	Some

Mothod of Cooking

1 안심을 손질해 스테이크 모양으로 만들어 마늘, 소금, 후추, 올리브오일로 마리네이드 한다.
2 만가닥버섯과 황금송이버섯을 손질해 버터를 넣은 팬에서 소테(saute)한다.
3 데미글라스 소스에 카베르네 소비뇽 와인을 넣고 생크림을 첨가해 소스를 만들어 놓는다.
4 황금송이버섯을 다듬어 팬에서 볶아 놓는다.
5 감자를 삶아 체에 내려 매시드 포테이토를 만들어 블랙올리브 다진 것과 섞어서 준비한다.
6 파프리카를 불에 그을려 껍질을 제거하고 사용한다.
7 튀일을 준비해 장식으로 사용한다.
8 재워놓은 안심을 그릴 팬에서 색이 나도록 구워낸다.
9 접시에 매시드 감자와 안심을 올리고 홀그레인을 곁들여 낸다.
10 준비한 나머지 채소들을 모두 올리고 카베르네 소비뇽 소스를 뿌려 완성한다.

TIP

1 데미글라스 소스에 와인을 첨가하면 와인 이름의 소스 명칭을 사용하게 된다.
2 스테이크의 고기가 두꺼울수록 고기 내부가 덜 익음으로 고기 익힘에 주의해야 한다.
3 튀일은 기본 튀일 배합에 색소의 개념으로 소량 첨가해서 색을 만들 수 있다.

Vegetables Fried Rice and Oriental Sauce with Broiled Beef Tenderloin
(채소 볶음밥을 곁들인 오리엔탈 소스의 소고기 안심구이)

Ingredients

Beef Tenderloin(안심)	180g	Pumpkin(단호박)	10g
Rice(쌀)	40g	Micro Sprout(새싹)	5g
Carrot(당근)	10g	Soy Sauce(간장)	20ml
Beef Ground(소고기갈은 것)	10g	Sugar(설탕)	10g
Paprika Orange(파프리카 오렌지)	10g	Ginger(생강)	10g
Potato(감자)	50g	Cherry Tomato (체리토마토)	1pc
Fresh Cream(생크림)	20ml	Demi Glace(데미글라스)	30ml
Onion(양파)	20g	Red Wine(레드와인)	20ml
Basil(바질)	1pc	Garlic(통마늘)	1ea
Pine Mushroom(새송이)	10g	Salt, Pepper	Some

Mothod of Cooking

1 쇠고기 안심을 180g으로 잘라 올리브오일, 소금, 후추, 마늘, 타임에 재워 준비한다.
2 쇠고기볶음밥에 쇠고기 다진 것, 양파, 당근, 파프리카를 넣고 팬에 볶아서 준비한다.
3 양파, 마늘을 썰어 팬에서 스톡과 간장, 설탕, 정종을 조금 첨가하고 진간장, 생강주스를 넣어 오리엔탈 소스를 만들어 준비한다.
4 밀가루 1, 식용유 8, 물 8의 비율로 섞어 튀일 반죽을 만들어 팬에서 튀일을 만들어 식혀 장식으로 사용한다.
5 단호박을 그릴에 구워 안심 위에 곁들인다.
6 재워놓은 안심을 그릴에 올려 색을 내주고 오븐에 넣어 Medium Welldone으로 제공한다.
7 준비된 접시에 구운 안심과 준비한 채소를 올리고 오리엔탈 소스를 뿌려 완성한다.
8 장식으로 튀일, 바질, 로즈마리를 올린다.

TIP

1 오리엔탈 소스는 프렌치 드레싱에 간장과 참깨를 넣은 것으로 두부나 한식 샐러드에도 많이 이용된다.
2 서양식과 한식의 만남으로 대중적인 소스로 사용할 수 있다.
3 준비된 재료를 골고루 저어주면서 스톡이나 레몬주스로 농도를 조절하고 간을 하여 완성한다.

Chasseur Nut Sauce with Beef Tenderloin Charlemagne
(견과류를 곁들인 사세르 소스와 안심 샤르망구이)

Ingredients

Beef Tenderloin(안심)	180g	Thyme(타임)	1ea
Mushroom(양송이)	30g	Demi Glace(데미글라스)	30ml
Potato(감자)	50g	Red Wine(레드와인)	20ml
Fresh Cream(생크림)	20ml	Thtme(타임)	1ea
Onion(양파)	20g	Pistachio(피스타치오)	5ea
Eggplant(가지)	20g	Garlic(마늘)	1ea
Walnut(호두)	2ea	Salt, Pepper	Some
Almond Slice(아몬드슬라이스)	10ea		

Mothod of Cooking

1 쇠고기 안심을 180g으로 잘라 올리브오일, 소금, 후추, 마늘, 타임에 재워 준비한다.
2 감자는 슬라이스로 썰어 겹겹이 층을 올려 오븐에서 구워 반으로 잘라 사용한다.
3 양송이를 다이스(dice)로 썰어 듁셀(duxelles)을 만들어 스테이크 위에 올리고 홀랜다이즈 소스를 만들어 간격이 일정하게 고기위에 우물 정자로 올린다.
4 샬롯은 칼로 썰어 팬에서 소테(saute)하여 익혀 준비한다.
5 마늘은 슬라이스로 잘라 튀겨 준비하고 가지와 연근은 오븐에서 구워 준비한다.
6 재워놓은 안심을 그릴에 올려 색을 내주고 오븐에 넣어 미디엄으로 만들고 양송이 듁셀을 올려 Medium Welldone으로 제공한다.
7 준비된 접시에 구운 안심과 준비한 채소를 올리고 견과류, 레드와인 소스를 뿌려 완성한다.

TIP

1 듁셀은 버섯, 샬롯, 양파, 허브 등을 스몰다이스로 썰어 팬에서 페이스트가 되도록 걸쭉하게 조려내는 것이다.
2 듁셀에 생크림을 넣고 버섯과 채소에서 수분이 충분히 나오도록 볶아내야 한다.
3 샤르망은 홀렌다이즈소스를 스테이크 위에 뿌려 오븐이나 살라멘더에서 2차로 색을 내기 때문에 고기 익힘이 웰던이 되지 않도록 주의해야 한다.
4 샤르망은 고기 위에 소스를 뿌리지 않고 소스를 접시 바닥에 먼저 뿌리고 그 위에 스테이크를 올려 담는다.

Surf and Truf Rime Beef Sirloin and Abalone Seaweed
(해초를 곁들인 최상급 등심과 전복구이)

Ingredients

Prime Beef Sirloin(등심)	120g	White Wine(화이트 와인)	20ml
Abalone(전복)	1ea	Olive Oil(올리브오일)	
Seaweed(해초)	10g	Thyme(타임)	2ea
Carrot(당근)	1ea	Pansy(펜지꽃)	1ea
Oregano(오레가노)	1ea	Endive(엔다이브)	1ea
Potato(감자)	1ea	Lemon Juice(레몬주스)	20ml
Demi Glace(데미 글라스)	10ml	Salt, Pepper	Some

Mothod of Cooking

1 최상급 등심은 올리브오일, 소금, 후추, 레드와인에 마리네이드 한다.
2 전복은 손질해 내장을 제거하고 칼집을 넣어 레몬주스에 마리네이드 한다.
3 해초는 깨끗이 손질해 찬물에 담가 싱싱하게 준비한다.
4 당근은 샤토 모양으로 깍아 삶아 글레이징 한다.
5 엔다이브를 웨지 형태로 잘라 기름에 튀겨 준비한다.
6 마리네이드 해놓은 등심은 팬에서 갈색으로 구워주고 전복도 팬에서 살짝 구워낸다.
7 데미 글라스에 레드와인을 넣어 스테이크 소스로 사용한다.
8 감자를 삶아 크림을 넣어 매시드 포테이토를 만들어 준비한다.
9 접시에 등심과 전복을 같이 담는 서프 앤 터프 방식으로 준비된 재료를 모양 있게 담아낸다.

TIP

1 Surf and Truf (서프 앤 터프)는 짜장 대 짬뽕처럼 고기와 생선을 한번에 먹을 수 있는 고급 디시로 미국에서는 이렇게 불리지만, 호주에서는 Beef and Reef라고도 불린다. 해산물은 주로 로브스터나 새우, 전복류이고 육류로는 주로 안심이나 등심 립 아이 스테이크가 많이 쓰인다.
2 감자는 매시드 포테이토를 만들어 생선과 고기의 소스가 서브하기 전까지 섞이지 않도록 경계선 역할을 하도록 담아낸다.

Polenta and Couscous with Veal Tenderloin and Lamb Chops
(폴렌타와 쿠스쿠스를 곁들인 송아지 안심과 양갈비구이)

Ingredients

Veal Tenderloin(송아지 안심)	80g	Dry Tomato (드라이토마토)	1pc
Plenta(폴렌타)	20g	Demi Glace(데미글라스)	30ml
Couscous(쿠스쿠스)	10g	Red Wine(레드와인)	20ml
Mint Jelly(민트젤리)	1pc	Garlic(통마늘)	1ea
Chive(차이브)	1pc	Thyme(타임)	1ea
Dried Tomato(드라이토마토)	1pc	Olive Oil(올리브오일)	20ml
lotus root(연근)	1pc	Salt, Pepper	Some
Micro Sprout	5g		

Mothod of Cooking

1 양갈비를 손질 1쪽을 준비해 소금, 후추, 민트젤리, 로즈메리로 마리네이드해서 준비한다.
2 송아지 안심을 손질해 80g으로 잘라 소금, 후추, 로즈메리로 마리네이드해서 준비한다.
3 마리네이드한 양갈비는 폴렌타에, 송아지 안심은 쿠스쿠스에 무쳐 팬에서 구워낸다.
4 통마늘은 오븐에서 구워 반으로 잘라 준비한다.
5 드라이토마토는 웨지 형태로 잘라 껍질을 벗겨 오븐에서 살짝 구워준다.
6 데미글라스에 크림과 레드와인을 넣고 소스로 만들어 준비한다.
7 연근을 얇게 썰어 저온의 기름에 튀겨 장식으로 사용한다.
8 차이브를 모양 있게 잘라 찬물에 담가 사용한다.
9 준비된 접시에 송아지 안심과 양 갈비를 담고 채소를 올리고 소스를 뿌려 완성한다.

TIP

1 접시에 담을 때 송아지 안심을 먼저 놓고 양 갈비뼈가 위로 올라오도록 담아야 모양 있게 담을 수 있다.
2 양 갈비에는 민트젤리를 접시에 같이 담거나 곁들임으로 같이 서브해야 한다.
3 민트젤리를 소스에 넣어 사용하는 것도 좋다.

Rafon Rochet Wine Sauce and Morel Mushroom with Beef Sirloin
(모렐버섯과 라퐁 로쉐 와인 소스의 소고기 등심구이)

Ingredients

Beef Sirloin(등심)	180g	Basil(바질)	1ea
Rafon Rochet Wine(라퐁로쉐 와인)	20ml	Demi Glace(데미글라스)	20ml
Morel Mushroom(모렐 버섯)	10g	Fresh Cream(생크림)	20ml
Potato(감자)	1ea	Olive Oil(올리브오일)	20ml
Gold Pine Mushroom(자연송이)	10g	Salt, Pepper	Some
Dried Tomato(드라이토마토)	1ea		

Mothod of Cooking

1 쇠고기 등심을 손질해 소금, 후추, 라퐁 로쉐 와인, 올리브오일로 마리네이드 한다.
2 모렐버섯, 자연송이버섯을 손질해 팬에서 구워 준비한다.
3 드라이 토마토를 웨지 형태로 썰어 올리브 오일과 허브를 무쳐 오븐에서 살짝 구워 껍질을 벗겨 준비한다.
4 데미글라스 소스에 라퐁 로쉐 와인과 생크림을 넣고 스테이크 소스로 만들어 곁들인다.
5 마리네이드한 등심을 팬에서 익혀 오븐에서 Medium Welldone으로 구워낸다.
6 준비된 접시에 등심과 모렐버섯, 자연송이, 라퐁 로쉐 와인소스를 올린다.
7 장식으로 타임과 바질 튀긴 것을 올려 완성한다.

TIP

1 데미글라스 소스에 라퐁로쉐 와인을 첨가하면 소스의 명칭은 라퐁로쉐 와인소스가 된다.
2 스테이크와 버섯을 한접시에 담아 고급스러운 플레이팅을 연출한다.
3 모렐버섯은 주로 드라이로 유통되기에 사용하기 전에 물에 30분 정도 불려 사용하면 좋다.
4 자연송이는 꼭 익히지 않고 사용해도 무방하다.

Proscuiutto Wrap and Anna Potato with Grilled Beef Tenderloin
(안나 포테이토와 프로슈토 햄으로 감싼 소고기 안심구이)

Ingredients

Beef Tenderloin(안심)	80g×2ea	Gold Pine Mushroom(자연송이)	10g
Prosciutto(프로슈토 햄)	2pc	Demi Glace(데미글라스)	20ml
Potato(감자)	30g	Fresh Cream(생크림)	20ml
Garlic Whole(통마늘)	1ea	Olive Oil(올리브오일)	20ml
Pumpkin(단호박)	10g	Red Wine(레드와인)	20ml
Brussels sprouts(방울 양배추)	2ea	Fresh Cream(생크림)	20ml
Basil(바질)	1ea	Salt, Pepper	Some

Mothod of Cooking

1 쇠고기 안심을 손질 80g으로 2개 준비해 올리브오일, 소금, 후추, 마늘, 타임에 30분 정도 마리네이드하고 팬에서 구워 준비한다.
2 프로슈토 햄을 2장 준비해 구운 안심 표면을 감싸듯이 말아 준비한다.
3 통마늘은 구워 반으로 잘라 준비하고 브루셀 양배추는 반으로 잘라 데쳐 버터를 두른 팬에 소테한다.
4 감자는 동그란 원형으로 깎아 준비해서 슬라이스하고 끓는 물에 살짝 데쳐 기름에 튀겨 원형으로 담아 안나포테이토를 만든다.
5 단호박은 그릴에 구워 준비한다.
6 데미글라스 소스에 레드와인과 생크림을 넣고 소스를 만들어 곁들인다.
7 밀가루:오일:물 비율을 1:3:7 정도 섞어 팬에서 튀일을 만들어 장식으로 곁들인다.
8 준비된 접시에 고기와 안나포테이토를 먼저 담고 나머지 채소를 모양 있게 담고 소스를 뿌린다.
9 장식으로 튀일을 올리고 허브를 올려 완성한다.

TIP

1 프로슈토 햄은 이탈리아 북쪽지방인 Parma지방에서 생산되는 햄으로 양념해서 소금 처리를 한 다음 숙성시키며, 훈제는 하지 않는 햄이나.
2 Italian Prosciutto는 조리가 된 Designated Prosciutto Cotto와 조리가 되지 않은 Prosciutto Crudo가 있다
3 프로슈토햄은 주로 투명하게 보일 정도로 얇게 썬 상태로 먹는 것이 가장 좋으며 멜론과 같이 첫 번째 코스요리로 제공하기도 한다.
4 절인 햄이기 때문에 염분 함량이 높아 주의해야 한다.

Beef Tenderloin Chop Steak
(소고기 안심 찹 스테이크)

Ingredients

Beef Tenderloin(안심)	50g	Fresh Cream(생크림)	20ml
Mushroom(양송이)	20g	Hot Sauce(핫소스)	5ml
Paprika Red(파프리카 레드)	20g	Tabasco Sauce(타바스코)	5ml
Paprika Green(파프리카 그린)	10g	Red Wine(레드와인)	10ml
Onion(양파)	10g	Sorrel(쏘렐)	3g
Garlic(마늘)	10g	Radish(레디시)	1ea
Asparagus(아스파라거스)	2ea	Rosemary(로즈마리)	1ea
Demi Glace(데미글라스)	20ml	Salt, Pepper	Some
Tomato Ketchup(토마토캐첩)	20ml		

Mothod of Cooking

1 쇠고기 안심을 손질해 큐브 모양의 큰 다이스(dice)로 썰어서 올리브오일, 소금, 후추로 마리네이드 한다.
2 양송이, 파프리카, 양파, 마늘, 아스파라거스는 모두 같은 크기인 큰 다이스로 썰어서 준비한다.
3 데미글라스 소스에 토마토케첩을 1 : 1 비율로 섞고 생크림, 핫소스, 타바스코 소스, 레드와인으로 소스를 만들어 준비한다.
4 팬에서 안심을 먼저 색을 내 따로 담아 놓는다.
5 나머지 채소들도 모두 강불에서 소테(saute)한다.
6 안심과 채소 모두 한곳의 팬에 올리고 만들어 놓은 소스로 버무려 접시에 담는다.
7 장식으로 로즈마리, 쏘렐, 레디시를 올려 완성한다.

TIP

1 보통의 찹 스테이크는 여분의 고기보다는 안심 부위를 사용해야 부드러운 찹 스테이크를 만들 수 있다.
2 팬에서 고기와 채소를 너무 익히면 고기가 질겨지고 채소에서 수분이 빠져 맛이 없게 되니 주의해야 한다.
3 고기 따로 채소 따로 소스 따로 준비해서, 한번에 섞어 만들면 시간을 절약할 수 있고 맛도 좋은 찹 스테이크를 얻을 수 있다.

양식조리기능사, 산업기사 자격증 취득과정

자격명 : 양식조리기능사, 양식조리산업기사
시행기관 : 한국산업인력공단
담당부서 : 기술자격출제실

실기시험 진행 방법

1. 수험자는 자신의 수검번호와 시험날짜 및 시간, 장소를 정확히 확인하여 지정된 시험시간 30분 전에 시험장에 도착하여 수험자 대기실에서 대기한다.
2. 출석을 확인한 후 비번호(등번호)를 배정받고 대기실에서 실기시험장 내로 이동한다.
3. 각자의 등번호와 같은 조리대를 찾아 개인 준비물을 꺼내 놓고 정돈하며 본부요원의 지시에 따라 시험 볼 주재료와 양념류를 확인하고 조리기구를 점검한다.
4. 지급재료 목록표와 본인이 지급받은 재료를 비교하여 차이가 없는지 확인하여 차이가 있으면 시험위원에게 손을 들고 알려 시험이 시작되기 전에 조치를 받도록 한다.
5. 시험 시작을 알리면 음식 만들기에 들어간다.
6. 수험자 요구사항을 충분히 숙지하여 정해진 시간 내에 지정된 조리작품 두 가지를 만들어 등 번호표와 함께 제출하고 이어서 청소 및 정돈 후 퇴실한다.
7. 요구작품이 두 가지인데 한 가지 작품만 제출하거나 익혀야 할 음식을 익히지 않았거나 태웠을 경우, 요구사항에 나와 있는 작품의 수량보다 부족할 경우, 시험 시간을 초과할 경우 채점대상에서 제외된다.

시험장에서의 주의사항

1. 위생적인 조리를 위해 조리복 상의, 하의(바지), 앞치마, 위생모자, 안전화(슬리퍼, 샌들, 굽높은 구두 등은 금지)를 준비한다.
2. 장신구(시계, 반지, 팔찌, 귀걸이) 등의 착용과 매니큐어의 사용을 금지한다.
3. 배정받은 등번호의 지정된 조리대에 조리기구와 수험자 준비물을 정리하고 감독위원의 지시에 따른다.
4. 지급재료 목록표와 지급받은 재료가 차이가 없는지 확인하여 차이가 있으면 시험위원에게 알려서 시험이 시작되기 전에 조치를 받도록 한다.
5. 지급된 재료는 추가 지급되지 않는다.
6. 제시하는 작품은 두 가지(산업기사 한 가지)로 정해진 시간 내에 제출해야 점수를 받을 수 있다.
7. 시험장에서 두 가지 작품을 만들 때 시간이 오래 걸리는 작품을 먼저 하거나 불을 오랫동안 사용하는 작품의 순서로 진행한다.
8. 작품이 완성되면 꼭 요구사항을 확인하고 지급재료 이외의 재료가 들어갔는지 다시 확인하여 감독위원이 지시하는 장소로 신속히 제출한다.
9. 작품 제출 후에 본인의 조리 작업대를 깨끗이 청소하고 조리기구를 정리 정돈한 후 감독위원의 지시에 따라 퇴장한다.
10. 지급된 재료는 1인분의 양이므로 주재료 모두를 사용하여 조리하여야 한다.
11. 조리기구 중 가스레인지 및 칼 등을 사용할 때에는 안전을 유념하여야 한다.

<table>
<tr><th colspan="3">시험정보</th></tr>
<tr><th></th><th>양식조리기능사</th><th>양식조리산업기사</th></tr>
<tr><td>시험수수료</td><td>–필기 : 14,500원
–실기 : 29,600원 (2023년 8월 기준)</td><td>–필기 : 19,400원
–실기 : 51,300원 (2023년 8월 기준)</td></tr>
<tr><td>수행준거</td><td>1 음식조리 작업에 필요한 위생관련 지식을 이해하고, 주방의 청결상태와 개인위생·식품위생을 관리하여 전반적인 조리작업을 위생적으로 수행할 수 있다.
2 주방에서 일어날 수 있는 사고와 재해에 대하여 안전기준 확인, 안전수칙 준수, 안전예방 활동을 할 수 있다.
3 기본 칼 기술, 주방에서 업무수행에 필요한 조리기본 기능, 기본 조리방법을 습득하고 활용할 수 있다.
4 육류, 어패류, 채소류 등을 활용하여 양식조리에 사용되는 육수를 조리할 수 있다.
5 식욕을 돋우기 위한 요리로 육류, 어패류, 채소류 등을 활용하여 곁들여지는 소스 등을 조리할 수 있다.
6 각종 샌드위치를 조리할 수 있다.
7 어패류 · 육류 · 채소류 · 유제품류 · 가공식품류를 활용하여 단순 샐러드와 복합 샐러드, 각종 드레싱류를 조리할 수 있다.
8 어패류 · 육류 · 채소류 · 유제품류 · 가공식품류를 활용하여 조식 등에 사용되는 각종 조식요리를 조리할 수 있다.</td><td>1 육류, 어패류, 채소류, 스톡 류 등을 활용하여 조리에 사용되는 소스를 조리할 수 있다.
2 육류, 어패류, 채소류, 스톡 류 등을 활용하여 메뉴에 사용되는 수프를 조리할 수 있다.
3 생선류, 조개류, 갑각류 등을 활용하여 각각의 특성에 맞게 조리하고, 곁들여지는 소스 등을 조리할 수 있다.
4 육류와 가금류 등을 활용하여 육류, 가금류 조리와 곁들여지는 소스 등을 조리할 수 있다.
5 파스타와 어패류·육류·채소류·유제품류·가공식품류를 활용하여 파스타와 곁들여지는 소스를 조리할 수 있다.
6 음식조리 작업에 필요한 위생관련지식을 이해하고 주방의 청결상태와 개인위생·식품위생을 관리하여 전반적인 조리작업을 위생적으로 수행할 수 있다.
7 조리사가 주방에서 일어날 수 있는 사고와 재해에 대하여 안전기준 확인, 안전수칙 준수, 안전예방 활동을 할 수 있다.
8 계절 · 장소 · 목적 등에 따라 메뉴를 구성하고, 개발하며 메뉴관리를 할 수 있다.
9 식사 또는 메인 요리에 곁들여 사용되는 전분을 포함한 곡류 및 채소요리를 조리할 수 있다.
10 식사의 마지막 단계에 요리의 맛을 효과적으로 돋우기 위해 달걀, 설탕, 우유, 생크림, 양주, 과일, 너트, 향신료, 초콜릿 등을 사용하여 차가운 혹은 더운 디저트류를 제조할 수 있다.
11 축하, 환영, 석별 따위를 위하여 여러 사람이 모여 베푸는 잔치에 필요한 요리를 조리하고 셋팅할 수 있다.
12 어패류·육류·채소류·유제품류·가공식품류를 활용하여 조식 등에 사용되는 각종 조식요리를 조리할 수 있다.
13 식욕을 돋우기 위한 요리로 육류, 어패류, 채소류 등을 활용하여 곁들여지는 소스 등을 조리할 수 있다.
14 고객이 요리에 가치와 문화를 느끼도록 음식을 접시에 맛과 색, 모양 등을 예술적으로 배열할 수 있다.</td></tr>
<tr><td>직무내용</td><td>양식메뉴 계획에 따라 식재료를 선정, 구매, 검수, 보관 및 저장하며 맛과 영양을 고려하여 안전하고 위생적으로 음식을 조리하고 조리기구와 시설관리를 수행하는 직무이다.</td><td>양식메뉴 계획에 따라, 식재료를 선정, 구매, 검수, 보관 및 저장하며, 맛과 영양을 고려하여 안전하고 위생적으로 음식을 조리하고 조리기구와 시설관리 및 급식·외식경영을 수행하는 직무이다</td></tr>
<tr><td>공개문제</td><td>www.q–net.or.kr 큐넷에서 공개문제 다운로드 가능</td><td>www.q–net.or.kr 큐넷에서 공개문제 다운로드 가능</td></tr>
<tr><td>취득방법</td><td>① 시 행 처 : 한국산업인력공단
② 시험과목 – 필기 : 식품위생 및 관련법규, 식품학, 조리이론 및 원가계산, 공중보건 등
– 실기 : 양식조리작업형
③ 검정방법 – 필기 : 객관식 4지 택일형, 60문항 (60분)
– 실기 : 작업형 (60분~120분 정도)
④ 합격기준 : 100점 만점에 60점 이상
⑤ 실기기준 30개 공개문제중 2개 과제 작업형 완성</td><td>① 시 행 처 : 한국산업인력공단
② 시험과목 – 필기 : 식품위생 및 관련법규, 식품학, 조리이론 및 원가계산, 공중보건 등
– 실기 : 양식조리작업형
③ 검정방법 – 필기 : 객관식 4지 택일형, 60문항 (60분)
– 실기 : 작업형 (60분~120분 정도)
④ 합격기준 : 100점 만점에 60점 이상
⑤ 실기기준 5개 공개문제중 1개 과제 작업형 완성</td></tr>
</table>

위생상태 및 안전관리 세부기준 안내

순번	구분	세부기준
1	위생복 상의	• 전체 흰색, 손목까지 오는 긴 소매 · 조리과정에서 발생 가능한 안전사고(화상 등) 예방 및 식품위생(체모 유입 방지, 오염도 확인 등) 관리를 위한 기준 적용 · 조리과정에서 편의를 위해 소매를 접어 작업하는 것은 허용 · 부직포, 비닐 등 화재에 취약한 재질이 아닐 것, 팔토시는 긴팔로 불인정 ◆ 상의 여밈은 위생복에 부착된 것이어야 하며 벨크로(일명 찍찍이), 단추 등의 크기 색상, 모양, 재질은 제한하지 않음 (단, 핀 등 별도 부착한 금속성은 제외)
2	위생복 하의	• 색상재질 무관, 안전과 작업에 방해가 되지 않는 발목까지 오는 긴 바지 · 조리기구 낙하, 화상 등 안전사고 예방을 위한 기준 적용
3	위생모	• 전체 흰색, 빈틈이 없고 바느질 마감처리가 되어 있는 일반 조리장에서 통용되는 위생모 · 모자의 크기, 길이, 모양, 재질(면 부직포 등)은 무관
4	앞치마	• 전체 흰색, 무릎 아래까지 덮이는 길이 · 상하 일체형(목끈형) 가능, 부직포 비닐 등 화재에 취약한 재질이 아닐 것
5	마스크	• 침액을 통한 위생상의 위해 방지용으로 종류는 제한하지 않음 · 단, 감염병 예방법에 따라 마스크 착용 의무화 기간에는 '투명 위생 플라스틱 입가리개'는 마스크 착용으로 인정하지 않음
6	위생화 (작업화)	• 색상 무관, 굽이 높지 않고 발가락 발등 발뒤꿈치가 덮여 안전사고를 예방할 수 있는 깨끗한 운동화 형태
7	장신구	• 일체의 개인용 장신구 착용 금지(단, 위생모 고정을 위한 머리핀 허용)
8	두발	• 단정하고 청결할 것, 머리카락이 길 경우 흘러내리지 않도록 머리망을 착용하거나 묶을 것
9	손 / 손톱	• 손에 상처가 없어야 하나, 상처가 있을 경우 보이지 않도록 할 것(시험위원 확인 하에 추가조치 가능) • 손톱은 길지 않고 청결하며 매니큐어, 인조손톱 등을 부착하지 않을 것
10	폐용유 처리	• 사용한 폐식용유는 시험위원이 지시하는 적재장소에 처리할 것
11	교차오염	• 교차오염 방지를 위한 칼, 도마 등 조리기구 구분 사용은 세척으로 대신하여 예방할 것 • 조리기구에 이물질(예, 테이프)을 부착하지 않을 것
12	위생관리	• 재료, 조리기구 등 조리에 사용되는 모든 것은 위생적으로 처리하여야 하며, 조리용으로 적합한 것일 것
13	안전사고 발생 처리	• 칼 사용(손 빔) 등으로 안전사고 발생 시 응급조치를 하여야 하며, 응급조치에도 지혈이 되지 않을 경우, 시험 진행 불가
14	부정방지	• 위생복, 조리기구 등 시험장 내 모든 개인물품에는 수험자의 소속 및 성명 등의 표식이 없을 것 (위생복의 개인표식 제거는 테이프로 부착 가능)
15	테이프 사용	• 위생복 상의, 앞치마, 위생모의 소속 및 성명을 가리는 용도로만 허용

• 위 내용은 식품안전관리기준(HACCP) 평가(심사) 매뉴얼, 위생등급 가이드라인 평가 기준 및 시행상의 운영사항을 참고하여 작성된 기준입니다.

위생상태 및 안전관리에 대한 채점기준 안내

위생 및 안전 상태	채점기준
1. 위생복(상/하의), 위생모, 앞치마, 마스크 중 한 가지라도 미착용한 경우 2. 평상복(흰티셔츠, 와이셔츠), 패션모자(흰털모자, 비니, 야구모자) 등 기준을 벗어난 위생복장을 착용한 경우	실격 (채점대상 제외)
3. 위생복(상/하의), 위생모, 앞치마, 마스크를 착용하였더라도, · 무늬가 있거나 유색의 위생복 상의, 위생모, 앞치마를 착용한 경우 · 흰색의 위생복 상의 앞치마를 착용하였더라도 부직포, 비닐 등 화재에 취약한 재질의 복장을 착용한 경우 · 팔꿈치가 덮이지 않는 짧은 팔의 위생복을 착용한 경우 · 위생복 하의의 색상, 재질은 무관하나, 짧은 바지, 통이 넓은 힙합스타일 바지, 타이츠, 치마 등 안전과 작업에 방해가 되는 복장을 착용한 경우 · 위생모가 뚫려있어 머리카락이 보이거나, 수건 등으로 감싸 바느질 마감 처리가 되어있지 않고 풀어지기 쉬워, 일반 조리장용으로 부적합한 경우 4. 이물질(예: 테이프) 부착 등 식품위생에 위배되는 조리기구를 사용한 경우	'위생상태 및 안전관리' 점수 전체 0점
5. 위생복(상/하의), 위생모, 앞치마, 마스크를 착용하였더라도, · 위생복 상의가 팔꿈치를 덮기는 하나 손목까지 오는 긴소매가 아닌 위생복(팔토시 착용은 긴 소매로 불인정), 실험복 형태의 긴 가운, 핀 등 금속을 별도 부착한 위생복을 착용하여 세부기준을 준수하지 않았을 경우 · 테두리선, 칼라, 위생모 짧은 창 등 일부 유색의 위생복 상의 위생모 앞치마를 착용한 경우(테이프 부착 불인정) · 위생복 하의가 발목까지 오지 않는 8부바지 · 위생복(상/하의), 위생모, 앞치마, 마스크에 수험자의 소속 및 성명을 테이프 등으로 가리지 않았을 경우 6. 위생화(작업화), 장신구, 두발, 손/손톱, 폐식용유 처리, 안전사고 발생 처리 등 '위생상태 및 안전관리 세부기준'을 준수하지 않았을 경우 7. '위생상태 및 안전관리 세부기준' 이외에 위생과 안전을 저해하는 기타사항이 있을 경우	'위생상태 및 안전관리' 점수 일부 감점

• 위 기준에 표시되어 있지 않으나 일반적인 개인위생, 식품위생, 주방위생, 안전관리를 준수하지 않았을 경우 감점처리 될 수 있습니다.
· 수도자의 경우 제복 + 위생복 상의/하의, 위생모, 앞치마, 마스크 착용 허용

References

외식용어해설, 21세기외식정보연구소, 백산출판사, 2000.
서양요리, 최수근, 형설출판사, 2003.
서양요리, 이종필 외, 효일, 2006.
호텔서양조리실무개론, 나영선 외, 백산출판사, 2008.
현대서양조리실무, 박경태 외, 훈민사, 2004.
가드망저의 세계, 고범석, 훈민사, 2006.
안토니오 셰프의 이탈리아요리, 심재호, Daega Books, 2012.
파스타, 이영미, 김영사, 2004.
조리입문, 오석태, 한국조리기술연구소, 2011.
조리용어해설, 윤수선 외, 지식인, 2016.
주방관리론, 윤수선 외, 백산출판사, 2013.
최신 서양요리, 김동일 외, 대왕사, 2012.
호텔식 정통 서양요리, 김헌철 외, 훈민사, 2007.
이탈리아요리, 윤수선 외, 지식인, 2022.
Garde Manger, 윤수선 외, 백산출판사, 2022.
서양요리, 경영일 외, 광문각, 2005.
현대서양조리실무론, 김동섭 외, 백산출판사, 2009.
정통서양요리, 김원일, 기문사, 1994.
고급서양조리, 염진철 외, 백산출판사, 2004.
애피타이저와 샐러드, 오석태, 지구문화사, 1999.
서양조리기술사전, 정청송, 기전연구사, 1988.
서양조리, 진양호, 지구문화사, 2009.
Kitchen, 최성우 외, 훈민사, 2007.
칼 나이프 KNIFE, 팀 헤이워드, 그린쿡, 2017.
세계음식명 백과.
Hotel Shilla 직무교재.
Lotte Hotel 직무교재.
Ritz Carlton Seoul 연회 직무교재.
The Plaza Hotel 조리 직무교재.
The Professional Chef, 9 Edition, 2012.
http://www.q-net.or.kr 한국산업인력공단 양식조리기능사, 산업기사 공개문제.
http://www.ncs.go.kr/ncs/ NCS 국가직무능력표준 양식조리 학습모듈.